아내에게 쓴

마지막 편지

김기덕 지음

황금마루

김 기 덕 시인

김기덕 시인은 강원도 동해시에서 출생하였으며, 강릉 제일고와 서울대 상대를 졸업하였다. 경영학 박사이며 공인회계사인 시인은 사회생활의 대부분을 '동부그룹'에서 보내는 사이, 잠시 홍익대학교 교수를 역임하였으며, 현재는 '동곡재단'에 재직하고 있다.

한국문인협회, 한국가톨릭문인회, 공간시낭독회, 백교문학회 회원으로 활동하면서, 시집 「종이배의 행로」와 산문집 「한여름 밤의 연가」를 펴냈다.

- 이메일 : kdkim0526@hanmail.net
- mobile : 010-5472-4188

- 표지의 코스모스는 고 홍문자님이 생전에 좋아했던 꽃임.

추모집을 내며

2년 전 청마(靑馬)의 해, 나의 첫 산문집 『한여름 밤의 연가』와 첫 시집 『종이배의 행로』를 출간한 감동이 채 사그라지기도 전인 금년 초 입춘 하루 전날 일이다.

잔잔한 항로를 이어가던 우리 가정에 상상도 못할 큰 쓰나미가 들이닥쳤다. 아내 홍 안젤라가 하룻밤 사이 잠자는 듯한 모습으로, 가족들한테 한 마디 작별 인사도 없이 주님의 부르심을 받아 소천(召天)하였던 것이다.

하늘이 무너지는 힘든 나날을 견디기 어려운 나는 성경과 신앙서적을 열심히 읽으면서 주님한테 매달려 신앙으로 이 고통을 이겨내려고 노력하는 가운데, 세월이 지나면서 아내에 대한 신앙시들이 몇 편 쓰여져 쌓이게 되었다.

살아생전 아내에 대한 시들과 이 신앙시들 외에, 이승에서 아내에게 마지막으로 쓴 추모글을 한데 묶은 추모집을 발간하여 아내 일주기(一周忌) 제사상에 올려줌으로써 이제 남편으로서의 도리를 다하고자 한다.

1부의 「아기천사의 웃음」에서는 그 사이 써온 손주들에 대한 시와 일반적인 소재 시들을 실었다.

2부의 「천상 화원」은 아내에 대한 시들로서, 지난 해 아내와 마지막으로 함께 해외 여행했던 이태리 기행 연작시와 생전의 아내에 대한 시들과 사후 신앙시들로 엮여 있다.

3부의 「사랑하는 당신에게」는 결혼 1주년을 맞아 공장에서 당직을 서며 아내에게 썼던 편지와 작년에 함께 갔던 기행수필과 1주기(一周忌)를 맞아 아내한테 쓴 추모글을 실었다.

이 추모글이 하늘나라의 아내에게 보내는 남편으로서의 마지막 인사글이 될 것이다.

4부의 「청마(靑馬)의 해를 보내며」는 나의 첫 산문집과 첫 시집을 읽으신 지인 독자들께서 정성들여 써서 보내주신 독후감에 대한 고마움을 표시하는 의미에서, 추모집과는 다소 무관하게 보일지는 모르겠지만 이참에 함께 싣게 된 것에 대해 이해 있기를 바란다.

그리고 작년 말로 동곡재단 산하 회사 '삼동'을 물러난 후, 동부그룹 회장께서 재단 사무실에 자리를 배려해 주시고, 그 후 이번 큰 변고를 겪으면서 나한테 보여주신 깊은 위로와 격려에 대한 고마움은 3부의 추모글에서 따로 상세히 적어 놓았다.

한편 그간 몸과 마음이 지칠대로 지친 나에게 가족으로서 한없는 사랑과 헌신으로 대해준 나의 형제자매들과 딸 수혜, 아들 남윤 내외에 대한 고마움도 함께 전한다.

그리고 텅 비어버린 내 가슴을 꽉 차게 메꿔주고, 앞으로 살아갈 힘과 용기를 주고 있는 네 명의 우리 손주 주호, 준호, 서영, 정헌에게도 이 할아버지의 가없는 사랑을 안겨주고 싶다.

마지막으로 예쁘게 책을 만들어 하늘나라의 아내를 기쁘게 해준 황금마루 출판사에도 고마움을 전한다.

2016. 12. 세모에

★ 차 례

제2부 : 천상 화원

제3부 : 사랑하는 당신에게

제4부 : 청마(靑馬)의 해를 보내며

제1부 : 아기천사의 웃음

아기천사의 웃음

열 살 된 막내 손주
백일 돌 갓 지나
감기로 입원하여
문병 갔을 때

펄펄 끓는 열 속에서도
할미 할애비 보고
헷죽
헷죽
웃는다

검은 수녀복* 입은
고모할머니 보고도
헷죽
헷죽
웃는다

천진무구한

아기천사의
해맑은 그 웃음!

이젠 꿈의 바다에서
그리움의 돛단배만
노 저을 뿐.

* 아기들은 낯가릴 때쯤, 수녀들을 보면 자지러진다.

2년의 기다림

뉴욕 발
KE 082편
입국 안내판에
'도착' 표시 뜨고도

입국 심사
짐 찾는데 걸리는
영겁의 시간 끝에
드디어
입국장 문 열리며

할머니!
할아버지!
팔 벌려
달려오는
서영
정헌이
훌쩍 큰 모습

2년의 기다림.

반가운 손님

서귀포 콘도 베란다 난간에
육지에서는 사라지다시피 한
제비 두 마리가 앉아
머리를 맞대고 조잘조잘 작전 모의를 한다

베란다 지붕을 쳐다보니
콘도 측에서 쓸어버린 제비집 흔적이
안쓰럽게 남아 있다

부부제비는 없어진 옛 집을
다시 짓기로 작심한 듯
번갈아 입에 지푸라기 물고 와
초가집을 짓기 시작한다

거실에서 그 광경을 내다보던
손녀 서영이는 손뼉 치며 응원한다.

가을 타다

훌쩍 커버린 강아지들
모두 떠나버린 텅 빈 자리

긴 추석 연휴 내내
하늘은 청자빛으로 저려오는데
뻥 뚫린 가슴에는
아부다비에서 불어오는
모래바람이 시리다

가을을 타나보다.

* 외손주들, U.A.E로 떠나보내고 첫 추석 맞아.

자장가

우리 집 제일 큰 강아지 주호
언제나 할애비 가슴에 금송아지로 안겨 있는 그가
중학 시절 사막의 도시 아부다비로 떠났다가
국제학교 고등학생 되어 돌아와
분당 집에서 잠시 함께 지내는 사이

어릴 적, 엉덩이 두드리며 장단 맞춰 불러주던
섬 아기, 반달, 클레멘타인 자장가를 불러줄
내 생의 마지막 기회라는 생각에
가사를 되새김질하며 희망의 풍선이 터질 듯하였으나

막상, 첫날부터 S·A·T 과제물과 밤늦도록 씨름하는
그를 보면서 자장가 불러줄 엄두도 못 내고
내 잠자리로 슬며시 사라지는 할애비 심사.

이제는 다시 불러보지 못할 자장가.
아아! 자장가를
꿈속에서나마 불러볼거나!

아기별

어느 결, 우리 집 큰 강아지의
미국 대학 입학 소식 듣는 순간
절로 주님께 감사…

기쁨도 잠시
하루 지나자 서글픔의 파문이 밀려온다

이제부터 제 삶 아기별에 싣고
우주를 헤쳐가야 하리

할미 할애비는 나뭇가지 사이로
그리움 홍건히 밴 손수건만 흔들리.

색소폰 소야곡

토요일 어스름 저녁
아름마을 방아다리 밑 공터
별빛으로 다리 장식한
탄천 색소폰 소야곡 연주장에는
오월의 미풍이
선율 따라 미소 짓는다

아마추어 장년 연주자들이 울리는
색소폰의 애잔한 가락은
마실 나온 관객들에게
추억의 샘물을 적셔준다

멜로디가 세레나데로 바뀐다
홀연, 들꽃 같은 여인의 실루엣이
음파 타고 다가온다
아려온다

어느덧 5월이 익어간다.

간절한 삶

가슴 통째로 열어 큰 수술 받은 후
기계음만 들리던 중환자실의 악몽을 거친 뒤부터

휴전 후 아름다웠던 가난이 간절히 그립다
맹렬히 책 팠던 학창시절이 간절히 그립다
공 갖고 중앙경리단 연병장을 휘젓던 푸른 젊음이 간절히 그립다
아라비아 사막의 모래 폭풍이 간절히 그립다
수표 교환 막느라 풀 죽어 은행 드나들던 그 시절이 간절히 그립다
새내기 대학 신입생들의 초롱초롱한 눈동자가 간절히 그립다
일주일에 두세 편씩 떠오르던 시상이 간절히 그립다
바다 건너 손주들이 간절히 보고 싶다

지나온 내 삶이 눈앞에 간절히 다가온다

이제 간절함만 남은 내 삶,
그러나 먼(?) 훗날
간절히 그리워할 통통 튀는 새 삶의 길을 찾아 나서야겠다.

사랑이 흐르는 교정에서

구한말 이래 화동 언덕의 경기고등학교는 천하제일
그러나 지금은 대가람 품에 안고 강남의 야트막한
산등성이 명당 터에 새로운 둥지 틀었으나
평준화 풍랑 만나 옛 명성은 전설로 남아 있다

새 사무실 길 하나 건너면 그 빛나던 경기고 교정
교내 길 따라 늘어선 은행나무 샛노란 단풍잎의
미소 짓는 손짓에 이끌려 교문으로 들어서자
황금 색종이가 소슬바람 타고 내 영혼 위로 난분분 한다
마음이 스산해진다

불현듯 옛 학창시절 추억이 모교 교동 언덕으로 달려간다
영동의 준재들이 다 모여 '영동의 경기고' 라는
자부심 가득 품고 젊음과 씨름하던 고등학교 시절
그리움이 실핏줄 따라 번져온다

하늘의 은혜로 다시 그 시절로 돌아갈 수 있다면
경제원칙 생산성 대차대조표를 배우는 상경학부 대신

인문학부로 진로를 바꾸어 역사, 시, 삶, 영원, 비움,
평화, 봉사, 맑은 영혼 등… 이 모두를 아우르는
'사랑'을 더 배우고 싶다

고희 고갯마루, 깊은 오수에 빠진 교정을 거닐며
노란 향기에 취해, 푸른 꿈에 한번 젖어본다.

떡볶이집에서 생긴 일

동료들 놓쳐 홀로 나선 중식 길
단골 냉면집 수리로 문 닫아
바로 옆 2,500원 짜리
됫박만한 떡볶이 집에 들려
식사하던 중 여종업원에게 물컵 부탁하자
셀프라며, 홱 지나친다

예(例)의 욱~하는 성질에
"노인네한테 이래도 되느냐"고 호통 치자
여주인이 얼른 물컵 갖다 놓는다

서너 명 젊은 손님들이 힐끔 쳐다본다
늙음이 무슨 유세인 양
큰 소리 친 게 부끄러워
공손하게 카드 내민다.

닛코 가는 길

도쿠가와 이에야스의 혼령이 감도는
닛코(日光) 가는 길

쇼군(將軍)의 운명(殞命)과 함께한
4백 년 나이테의 아름드리 삼(杉)나무 숲
첫발을 들여놓자, 청량한 소름이 몸을 에워싼다
신령스러움이 묻어난다

설국(雪國)의 2월답게 장설 덮힌 숲속
까마귀 한 마리 가지에서 날며
눈 솜 한 뭉치 머리 위로 흩뿌린다
때 묻은 회색 마음이 하얗게 씻겨진다

젊은 시절, 이국에서의 눈 추억은
세월이 지날수록 가슴속으로
삼나무 키만큼 쌓여만 간다.

늙은 호박의 일생

벌초 마치고 고향 집 떠나올 때
텃밭에서 봄 여름 지내며 식솔들은 보시하고
넝쿨에 혼자 남은 늙은 호박 하나

긴 장마로 몸살 앓고
볼라벤 태풍으로 경기(驚氣) 겪고
뙤약볕으로 피부 붉게 탔으나
주인 편애로 천수 누리고 있다

내 눈길 길어지자
형수는 얼른 까치발 높여
꼭지 따서 건네준다
늙은 호박이 새 주인을 맞는다

호박 근수(斤數)에
형수 사랑 무게 더해져
차 트렁크가 가득 찬다.

오랍드리* 산책길

내 고향 배골 아랫마을 오랍드리 여남은 집
봄날 산일 하던 날, 산책길에 나선다

위편 두 채는 수명 다한 후 도로로 부활하고
나는 그 위에 서서 먼발치로 두타산을 바라본다
고향 내음이 가슴 깊숙이 스며든다

앞채 구릉집 노송은 조경업자에 몸 팔려
아랫도리 밧줄로 꽁꽁 묶여 안쓰럽게 서 있고

그 아래 이층 재집도 세월의 이끼에 무너져 내려
황성 옛터엔 잡초만 무성하고
대문 양 옆 은행나무 두 그루만
마을 수호신 거수(巨樹)로 커간다

바로 옆 징골댁 큰 길가 회화나무는 보이지 않고
외지인 집수리 가게 간판만 고향 찾은 길손을 낯설게 맞이한다

그 옆 대장간도 텃밭으로 변하고
쟁기 손질하던 쇳소리만 귓전을 맴돈다
이들 뒤편 남홍이네는 남들 책장 넘길 때
도붓장사 길에 나서 동네 거부가 되어
정원석 으리으리한 성채로 변해 먹물 묻은 이웃을 부끄럽게 한다

아래집 큰댁 형수 집에 들르자
꽃대궐은 형수 나이에 묻혀 꽃구경조차 할 수 없고

오랍드리 한 바퀴 돌고 집에 돌아오니
노송만이 어머니 웃음 가득 띠고 나를 반긴다
쓸쓸해졌던 가슴이 따뜻해진다.

* 오랍드리: 가까운 이웃을 일컫는 영동지방 사투리.

숲 속의 노래자랑

푸른 물이 뚝뚝 떨어지는
녹음에 묻혀
매미들이 한낮 노래의 향연 벌인다

땅 밑 굼벵이로 긴 전생 보내다가
허물 벗고 승천하여 부활한 매미
명창들이 폭포수 아래에서
피 토해가며 목청 가다듬듯
찰라 같은 이승에서 제 짝 찾아
열창하는 소리, 차마 처연하다

도시인들은 그 소음에 잠 못 이룬다지만
바람에 실린 자연의 소리는 늘 아름다워
녹색의 호수에 파랑을 일으킨다

황금 햇살이 부서진다.

포강*의 추억

내 고향 배골 출신 백복령 정 시인의 향토시에서
시어 '포강'을 읽는 순간
유년시절 여읜 동생이 살아온 듯
옛 그리움이 한 움큼 목울대를 타고 올라온다

어릴 적
이웃한 2층 재집 대나무숲 뒤편 응달진 포강에서
수초가 조성한 검은 밀림 사이로
물방개. 소금쟁이. 민물새우가
일가를 이루어 도란도란 사이좋게 살고,
잉어가 긴 수염을 쓰다듬으며 어른 행세를 한
옛 추억이 포강 가득히 차오른다

그 재집 포강과 동사(洞舍) 앞 포강도
세월의 흙삽으로 덮혀 사라지고,
동산재에 드리우던 저녁 연기도
포강과 더불어 가뭇없이 사라지고,
외로운 영혼만이 배골 하늘 위를 맴돈다

가슴이 시려온다.

* 포강: 작은 연못, 물웅덩이를 뜻하는 삼척지방 방언. '둠붕'이라고도 함.

장닭 울음소리

동네 야산 등산길
산기슭 농막에서
목청 높이 들려오는
장닭 울음소리

다시 들을 수 없는
유년 시절
고향
어머님
소리

가슴에
아슴한
파도가 인다.

여름 떨어지는 소리

철 이른 한가위 연휴 전날
청담공원 시비광장 옆
내 전용의자에서
고즈넉히 신문을 읽다

잔서(殘署)가 마지막 호기를 부려도
모기 입은 벌써 비뚤어져 있다

파란 하늘 가린 참나무 숲
여기저기서 뚝! 뚝! 뚝!
도토리 떨어지는 소리
빈 가슴에 푸른 파랑이 인다

쏴~, 한 쐐기 바람이 일자
후두두둑! 쏟아지는 밤알들
시 한 수 읊으라고 옷소매 잡아끈다.

청담공원 가을

가을 한복판, 청담공원 산책길
시비광장 옆 내 벤치에 앉자
햇살이 자그르르 어깨 위로 내린다
시심이 사르르 불사오른다

길가에 듬성듬성 핀 들국화들
산국(山菊), 감국(甘菊)은
꽃송이 크기로 쉬 알겠으나

구절초와 쑥부쟁이 어떻게 다른지 모른다고
어느 시인한테 '무식한 놈' 소리 듣기 싫어
식물도감 뒤져보았다

잎이 타원형에 쑥을 닮았으면 구절초
잎 가장자리 톱니 모양이 크면 쑥부쟁이
그 모양이 작으면 벌개미취

가을의 전령, 보라색 들국화만 보이면

잎 가장자리 모양 살피는 게 버릇이 되고 보니
무식한 놈 소리 듣더라도
그 시절이 오히려 그리웁다.

우측통행

중식 후 청담공원 산책길
나무계단 밑 참호길로
실개미들이 대오를 갖춰
우측통행으로 행군을 한다

오늘은 무슨 작전인지,
하나, 둘, 셋, 넷 구령소리 들린다
저 질서정연함이 인간의 역사보다
더 긴 생명의 실을 이어간다.

부끄러워라
–시집 『후안 디에고의 노래』를 읽고

이인평 아우구스티노 시인의 신앙 시집
『후안 디에고의 노래』를 읽는 동안
기쁨의 전율과 함께 부끄러움이 온몸을 엄습하다

16세기 초, 멕시코의 테페약 언덕에서
후안 디에고 성인에게 발현하신 과달루페 성모님!
그 품에 안긴 이 시인이 성모님의 시내림 은총으로
1년 반 사이 쏟아낸 시편이 800여 편, 놀라워라!

가난으로 증류된 이 시인의 맑디맑은 영혼이
시혼의 샘에서 운율을 길어 올려
어머님께 봉헌하는 그 순결한 모습에서

이 시인은 후안 디에고로 보이는데
나는 성모님 앞에 초라하고 부끄러워라!

* 이인평 시인이 과달루페 성모님 축일인 12월 12일을 상징하여 모든 시를 12행으로 씀에 따라 이 시도 12행으로 맞추어 보았음.

영원하라, 인팩이여!

일제의 대동아 전쟁이 기승을 부리던 시절
第一江山, 강릉 고을에 한 옥동자 태어나니
그 이름, 仁山 崔五吉.
이름부터 길 할 길(吉) 자 다섯 번 겹치니
어릴 적부터 큰 인물(巨人) 될 운세이로다.
대관령 정령 받아 학창시절부터 명민하여
상고 시절 주산 선수로 모교 명예를 드높이고,
대학 재학 중엔 공인회계사 시험에 수석 합격하고,
직장에서는 샐러리맨의 우상인 최고경영자까지 올라
경영 능력을 한껏 펼치고 있을 무렵,

하늘의 섭리로 仁山에게 큰 기회 내리니
자동차부품회사 삼영케이블(주) 인수가 바로 그것이다.
강인한 기업가 정신으로 회사를 키워
오늘날 (주)인팩이란 큰 성채를 쌓아올리고,
경영의 귀재답게 일찍이 중국에 진출하여
기적을 울리며 中原 大陸을 힘차게 달리고 있다.
자동차 최강국 미국과 독일의 엔진 심장부에

인팩의 깃발 꽂아 技術立國 돛을 휘날리고 있다.

나라 안 여러 공단에 인팩의 일터가 우후죽순 들어서고,
미국, 중국, 베트남, 인도에도 공장이 부단히 증설되어
글로벌 기업, 인팩의 위상이 四海를 덮고 있는 오늘
마침내, 지능형부품회사로 진화하는데 전진기지가 될
통합연구소가 이곳 수원 땅에 준공되니, 뉘 아니 축하 하리!
이제, 수원연구소의 땀방울로, '아름다운 슈퍼 기업'으로
우뚝 솟을 수 있도록 인팩인 모두 두 손 모아 기도드리자.

仁山 호(號)를 닮아
언제나 겸손의 미덕으로 푸르르고,
언제나 사랑의 은혜로움으로 화사하고,
언제나 미소의 꽃으로 피어 있는 학형에게는
삶의 향기가 은은하게 피어오른다.
맑고 고운 영혼이 명징하게 빛난다.

마지막으로 간절한 기구(祈求) 한 마디
'영원하라, 인팩이여!!'

앨범 정리

벼르고 벼르고 벼르던
앨범 정리
이사를 앞두고 어쩔 수 없이
추리고 추리고 나니
한 아름 앨범이
달랑 한 권

한 장 한 장에 박혀 있던
지나온 삶의
그
 치열함
 열정
 파란만장
모두 사라지고

찢어진 사진 더미 속에 담긴
이
 무감동
 허망함
 무상함.

할머니 사진 한 장

직계 가족 앨범 만드느라
생가 장롱에서 용케 찾아낸
할머니 사진 한 장

모시 광주리 은발 머리에
밭고랑 일듯 주름진
60년 전 박여실 할머니 모습

사진 보는 순간
영겁 속의 할머니가 뛰어나오시며
셋째 손자 손을 덥석 잡을 듯하다
목울대가 울컥 울린다

고종 17년 1880년에 태어나시어
30년 조선시대, 35년 일제
12년 해방 혼란기와 전란의 굽이 속에
인고의 세월만 보내신 우리 할머니
영원 속에 다시 볼 수 있으려나…

이 풍요로운 시대
회한의 눈물 그리움의 강물이
가슴을 타고 흘러내린다.

날아라, 푸른 하늘로
-모교 개교 100주년을 기념하며

모진 바람 불던 시절
작은 씨앗 한 알, 땅속 깊이 뿌리내려
어느덧 백년 세월의 거목이 되었구나.

아, 북평초등학교!
이렇듯 백돌의 큰 열매를 맺게 되니
그 이름도 찬란하구나, 정말 아름답구나.

두타산이 굽어보는 기름진 땅 뒷들
그 젖줄인 전천 강변 모교 교정엔
이만여 졸업생들 금빛 발자취
알알이 박혀 영롱히 빛나고,

대대로 이어져 온 새싹들이
오대양 육대주로 뻗어가며 지르는 함성소리
뜨거운 심장의 박동처럼 지축을 흔든다.

사랑하는 후배들아!

저 멀리 보이는 미래의 큰 꿈을 향해
훨훨 날아올라라.
북평의 기상, 북평의 희망을 품고
힘차게 솟아올라라
푸르른 5월의 하늘로! 하늘로!

제2부 : 천상 화원

밀라노의 두오모 성당

늦 쌍둥이 책 분만의 피로도 풀 겸
벼르던 이태리 일주 여행 첫 일박지, 밀라노
밤새도록 천둥, 번개로 길손 겁주더니
아침, 버스에 오르자 지중해의 파아란 하늘이
언제 그랬냐는 듯, 일행을 반갑게 맞이한다

세계 3대 오페라 좌의 하나인 라 스칼라 극장
주마간산 하듯 외관만 보고, 476년 로마 멸망 후
일천사백 년 간 도시국가 춘추전국 시대를 거쳐
1861년 이태리 통일 대업을 이룬
임마누엘레 2세 기념관 내부를 가로 질러,
밀라노 두오모* 성당 앞에 이르다

바르셀로나의 파밀리아 성당은 아직 못 보았지만
독일 쾰른 성당, 바티칸 대성당까지 관람한 나로서도
우리 앞에 하늘을 찌를 듯 우뚝 솟은
두오모 성당의 위용과 아름다움에 넋을 놓다

성전 내부 회랑과 지하에 생전 모습 그대로
안치된 몇몇 추기경들 얼굴을 보는 순간
주님 축복 속의 그 온화한 미소에서
죽음을 초월한 영원을 읽는다

옥상에 올라 보니
첨탑들이 이태리 포플러 가로수를 이뤘다
성전 옥상 전면 맨 가운데 왼쪽 성인 조각상은 목이 없다
옥의 티처럼 보이나 주님의 사연이 있을 터이다
도열한 뾰족탑들에 카메라의 초점을 맞추자
그믐 낮달이 웃으며 손 흔들어 인사한다.

* 두오모 : 신의 집(독. 영 dome), 이태리 큰 도시의 주교좌 성전(로마 제외).
* 밀라노 두오모 성당 : 1386년 착공, 19세기 초 준공. 뾰족탑 280개, 성인 조각 2,250개의 고딕 성당.

악마의 발톱, 돌로미티 알프스 산맥

오페라 원형 아레나로 널리 알려진 베로나에서 일박한 후
동북부 '베네토주'의 라이벌 도시 베네치아로 가는 도중,
이태리에서 오스트리아로 이어지는 북쪽 길 따라
알프스 산맥의 노른자위라 불리는 '신들의 거처'
돌로미티 알프스 초입에 들어서자,
범상치 않은 알프스 연봉들이 우리를 압도하기 시작한다

조금 더 들어가자 양 쪽으로 '악마의 발톱'으로 이름 붙인
3천 미터 거봉들이 허리까지는 침엽수, 그 위로는 흰 눈 덮힌 듯
석회암 연봉들이 각기 다른 모습으로 발톱을
날카롭게 세워 우리를 할퀴려는 듯이 포위하고 있다

입에서는 뉴질랜드 남섬 피요르드랜드 협곡 지날 때처럼
신이 창조한 자연의 경이로움에 탄성이 절로 터져 나온다

코르티나 담패죠의 산 중턱 식당 주변 검은 숲 속에서는
금방 '알프스 소녀'의 하디와 '사운드 오브 뮤직'의
마리아 요정이 상큼거리며 튀어나올 듯하다

케이블카 타고 정상으로 가는 길
발 아래에는 악마의 발톱에 생명의 밧줄 걸고
남녀 한 쌍이 암벽 등반을 하고 있다
서양인다운 아름다운 용기이다

캐나다 록키산맥에 버금가는 위용을 뒤로 하고 돌아오는 길
지상의 인간들이 더 이상 신의 걸작품을 보지 못하게
구름이 봉우리들을 감싸기 시작 한다
용케도 걸작품을 보게 해준 신에게 새삼 고개 숙인다.

꿈의 도시, 베네치아

벼르고 벼르던 베니스* 에 첫발을 들여 놓다
바이런의 시 '나는 베네치아에 섰다. 탄식의 다리 위에서'
라고 읊었던 그 베니스이다

7세기 경 훈족의 침략으로 피난 간 베네토족이
바다 건너 갈대숲 속에 세운 도시다
그들의 불굴의 정신으로 도시를 확장시켜
아드리아해와 지중해의 해상무역을 제패하고
중상주의 꽃을 피웠던 찬란한 역사의 고장 베니스

고딕, 비잔틴, 바로크 식 4층 건물들이 좁고 넓은
거미줄 운하를 끼고 바다와 조화를 이룬 도시

평의회 건물과 마르코 성당 사이에 갇혀 있는
나무 한 그루 없으나, '유럽의 정원'으로 불리는 마르코 광장,
나폴레옹은 그 광장이 한눈에 보이는 이층 집무실에서
'나는 베네치아를 정복했노라'라고 호언했던 곳이다

다음으로 발길을 돌린 곳은 마르코 성당
베니스 상인들이 에집트 알렉산드리아에서 성 마가(마르코)
시신을 훔쳐 와서 세운 금박 성전 중앙 제단에는
그의 유해가 시간의 뼈를 안고 누워 있다

이젠 친숙해진 일행들이 두 그룹으로 나누어
곤돌라에 올라 운하를 누비며 곤돌라 전속가수가
불러주는 칸초네에 가슴을 적시다

꿈의 도시, 안토니오 비발디의 고향, 베니스여!
아듀!

* 베니스 : 이태리 식 표기 '베네치아' 대신 친숙한 영어 베니스로 적다. 베니스 114개 섬 안에는 인구 7만, 다리 400개, 성당 300개가 있다고 함.

르네상스의 꽃, 피렌체

기원 전 1세기, 율리우스 카이자르가
'꽃 피는 곳'이라고 부른 도시, 플로렌스.
지금은 아르노 강변에 별은 은빛으로 빛나며
시가 흐르는 도시, 피렌체

미켈란젤로 언덕 위 다비드(다윗) 상이 굽어보는 구시가지,
붉은 벽돌의 천년 건물들이 레고 성처럼 아름다워
도시 전체가 유네스코 문화유산으로 등재된 도시

시료니아 광장에는 메디치 가문 코지모 1세가 세운
벡키오 궁전*, 우피치 미술관, 야외 조각 회랑 등
'르네상스의 꽃' 도시답게 예술과 음악이 흐른다

피렌체가 낳은 단테는 신곡에서 지옥, 연옥, 천국을 읊었고
"오, 나의 영원한 여인 베아트리체여!" 하며
천재 시인이 어린 여인과 첫눈에 사랑에 빠졌던 도시, 피렌체

메디치 가문의 부(富)로 미켈란젤로 등 예술인, 지식인을 키워

중세의 암흑시대를 허물고 새로운 르네상스 시대를 연 피렌체

꽃의 성모 마리아 성당인 두오모 성당 정면의 삼위일체인
성부, 성자, 성령 조각상의 믿음, 소망, 사랑을 가슴에 안고
다음 여정인 중세 도시 시에나에 입성하여 뒷골목을 누비다

같은 토스카나주의 피렌체와 피비린내 나는 전투에 패했으나
오늘날까지 중세의 팔리오 말달리기 대회가 이어져
골목을 내달리는 말발굽 소리가 귀에 쟁쟁 들리는 듯하다

* 벡키오 궁전: 현재 시청으로 쓰임.

프란체스코 성인의 도시, 아시시

시에나에서 본 듯한 중세 도시 아시시
프란체스코 성인이 태어나 묻힌 곳
부호 아들에서 회심(回心)한 청년은
마지막 순간에도 맨땅바닥에서 임종하다

빈자의 성인인 성 프란체스코는
청빈과 겸허, 평화의 가치를 쫓아
그 '실현'을 몸으로 실천한 참 성인이다

부에노스아이레스 뒷골목 빈민 위해 사목하던
현 266대 교황은 교황으로 선출되자, 빈자의 성인
청빈 정신 이어받아 '프란체스코'란 세례명을 따르다

성인은 예수를 닮고자 기도 끝에 예수의 상흔인
양손, 양팔, 옆구리에 오상(五傷)을 입었으며
'주여, 저를 당신의 도구로 써주소서'로 시작하는
'평화의 기도문'을 남기셨다

성인의 유해가 중앙 제단 아래 안치된 대성당 옆
산타 키에라 성당은 글라라 성녀를 모신 곳,
둘러본 이태리 성당 중 가장 소박하고 아름답다
영성이 절로 묻어난다.

아! 폼페이

우리 일행이 선착순 첫 번째로 폼페이 매표소에 이르자
잇달아 수많은 관광객들이 몰려들기 시작한다

1세기 후반, 가까운 베수비우 화산 폭발로 인구 2만여 명 중
2천여 명이 화산재에 묻혀 사망했다는 가이드의 설명이다
곳곳에 전시된 미라 시신 중에 다리 굽혀 누워 있는
어린 아이 시신 보자 가슴이 미어온다

입구에 들어서자 공화정치의 상징인 중앙 포럼이
한가운데 자리 잡고 관청가가 빙 둘러 감싸고 있다
잘 계획된 시가지에는 대규모 목욕시설과 유곽
춘화도 잘 보존되어 있다. 그 옛적부터 사람 사는
곳에는 유곽이 있게 마련인가 보다

직선으로 뻗은 길 옆 곳곳에 설치된 공동 수도꼭지는
손 짚고 물마시게 설계되어 있는데, 어느 수도에서나
오른손 쪽 보다는 왼손 짚는 쪽 돌이 더 깊이 움푹
패여 있는 이유를 가이드는 설명 못하고 있다

손 짚어 패인 돌 자국은 이 도시의 역사를 말해 준다

비명에 간 선조들의 외로운 넋들이 살아 있는 후손들에게
먹을 것 먹여 주고, 입을 것 입혀 준다

타임캡슐 타고 2천 년 전 과거 여행 다녀오다.

세계 관광 1번지, 아말피

세계 3대 미항(美港) 중 하나인 나폴리 항구
뱃고동 소리를 흘려들으며 우리 여정은
아름다운 남쪽 나라 소렌토를 지나간다

테너 가수 출신인 가이드가 소렌토를 그냥 지나치지 못한다
달리는 차 속에서 '오, 솔레미오'와 '돌아오라 소렌토로'
칸초네 두 곡을 본때 있게 뽑아낸다

소렌토에서 포지타노 가는 길 지중해 바닷가 얕은 언덕 위의
쏘는 듯한 눈빛의 소피아 로렌 별장을 내려다보며
차는 아말피를 향해 좁은 꼬부랑길을 곡예하듯 달린다

이번 여행 중 제일 목적지로 삼은 아말피,
먼발치에 해안 절벽 따라 그림 속의 절경으로 나타나다
도시 전체가 유네스코 자연 유산으로 등재되고
관광안내 책자마다 죽기 전에 꼭 가볼 관광 1번지로 올라있는 도시답게,
산봉우리에서 해변까지 경사면 따라

붉은 지붕에 흰 벽 집들이 보석 박히듯 들어차 있고,
작은 해수욕장 모래사장엔 많은 관광객들이 철 늦은 낭만을 즐긴다

이번 여행 중 가장 혀를 호강시킨 본토박이 피자로 과식한 후
손바닥만 한 시내를 둘러보았으나, 어디서나 떼 지어 몰려다니는
중국관광객을 이곳에선 볼 수 없었던 청정관광지이다
세계 관광 1번지답다.

아듀, 로마여!

여행 종착지, '모든 길은 로마로 통한다'는 우산 소나무
가로수 길 따라 로마에 입성하다. 다음날 바티칸시국부터 들러
시스티나 예배당의 미켈란젤로 걸작품 '천지창조'를
구름 관중 속에 뒤섞여 목 젖혀가며 관람하다

성 베드로 성당, 판테온 신전, 스페인 광장, 베네치아 광장,
트레비 분수, 콜로세움과 콘스탄티누스 개선문 등 끝없이 전개되
는
유적, 유물들…

바티칸 박물관에서는 수많은 작품 중 오른손에 펜을 든
'시인의 신, 칼리오페'의 조각상만 진짜 시인이 되고픈 염원을
가득 안고 카메라에 담다

고대 로마 천이백 년, 중세 로마 천 년, 르네상스와
바로크시대 로마 삼백 년, 이태리 통일 후 일백오십 년 현대로마,
이 유장한 이천칠백 년의 로마 역사를 단 하루 만에 본다는 것,
그나마 본 것을 종이에 옮기는 것,

모두 과욕이고 만용이다. 그냥 이름만 나열해 본다

돌 하나라도 유물인 로마는 차라리 텅 빈 도시이다
정작으로 비어서 꽉 찬 도시이다

지중해 하늘을 수놓은 저녁노을 바라보며 레오날드 다빈치 공항에
도착한 후, 역사 기행의 진수를 안고 한밤 귀국 길에 오르다

아름다운 나라 이태리, 다시 보지 못할 나라 이태리
아듀, 로마여! 아듀, 이탈리아여!

부부

외진 동네 산 정상
나무 의자 위로
자글자글 내려 쬐는
노란 햇살 깔고 앉아
헤살헤살 담소 나누는
두 중늙은이.

수선화 꽃대궁

따스한 햇살, 청명 날
고향집 화단에 담뿍 핀 수선화
형수가 파준 한 줌 수선화
아파트 화단에 옮겨 심은 다음 날

경비 아저씨가 물주고 난 후
꽃대 한 쪽, 땅에 고개 떨군 채 신음하기에
"경비 아저씨는 물주면서 저 꽃대나 좀 세워주지"
무심한 내 한마디에
아내가 얼른 긴 나무젓가락 하나
들고 나가 곧추 세워놓는다

햇병아리 부리색 수선화 꽃보다
더 노랗고 결 고른 아내 마음.

하얀 마음

성 바지 다른 두 사람
살 섞어 한 몸 된 지
사십 년째 되는 올해
홍콩(香港) 여행길

황금 시절 '모정'(慕情)의
추억이 강심을 적신다

가이드 좇아가던 아내가
해일 이는 사람의 물결 속에
뒤처진 남편을 놓칠세라
뒤돌아 보던 아슴한 그 눈빛에서
세월에 녹아든
투명한 믿음이 우러나고
순진무구한 하얀 마음이 비추인다

마음마저 하나 되는 마음이다.

* 홍콩 여행 시, 사람들의 물결 속에서 뒤돌아보던 아내의 아, 그 눈빛! 이젠 다시 볼 수 없어서 제1시집의 이 시를 다시 싣는다.

세월의 약봉지

주말
늦은 아침 식사 후
우리 부부 마주 보고 서서
약 한 움큼씩,
세월의 약봉지
입에 털어 넣고
병아리 물 마시 듯
고갤 까딱까딱

서로 보며 웃음 속에 감춘 시름.

갑오년 새해 해맞이

아침 일찍 일어나서 거실 커튼 걷던 아내가
"여보! 여보!" 하며 숨넘어갈 듯 부른다

매지봉에서 떠오른 청마(靑馬)의 새해 태양이
이매촌 아파트 동(棟) 간 한 뼘 틈 사이로
이글거리며 반쯤 떠오른다

훌쩍 커버린 우리집 강아지들
하늘에 은총 비는 짧은 순간
태양은 한 아름 부풀어 오른다

아침 식사하는 사이, 하늘은 삽시간에
먹구름으로 뒤덮이더니 금세 서설이
푸른 말 타고 새해 선물 내린다

미사 가는 길, 언제 눈이 내렸냐는 듯
하늘은 얼음 같은 비취색으로 바뀌고, 유년 시절의
알싸한 추위가 온몸을 따습게 감싼다

우리네 삶도 하늘의 조화를 닮았나보다.

해를 품는 아내

아내가 매일 아침 베란다 커텐을 걷을 때마다
탄천 건너 이매촌 아파트 동(棟) 간격 사이로
아침 해가 불끈 솟아오른다

그때마다
아내는 태양을 우러러 우주를 창조한 주님께
화살기도를 올린다
이제는 훌쩍 커버린 우리 집 네 마리
강아지들 잘 되라고!
어릴 적 삼신할머니께 빌던 할머니처럼

그럴 때마다
아파트 정원 나목에서
어떤 날은 참새 떼가
어떤 날은 직박구리 떼가 번갈아 가며
아내의 기도에 찬조 연주를 한다
샛별 같은 음계들이 천공에 반짝인다
샘물처럼 맑은 소리가 거실 마루로 스며든다

아파트 1층에 사는 우리 두 중늙은이에게
내려주는 자연의 은혜로움이다.

조우(遭遇)

유년 시절 우리 5남매 중 막내
“셋째 오빠, 셋째 오빠!” 하며
유독 나를 따르던 누이동생
분당 이웃 마을에 어울려 살며
옛 추억의 숲을 함께 거닐고 있다

겨울 어느 주말 아침
아내와 나란히 단골 야산 길 올라가는데
벌써 위에서 내려오는 누이동생 커플
저만치서 우릴 알아보고
손짓부터 한다 가슴이 따뜻해진다

올라가는 내 옆자리는
누이동생 아닌 남양 홍씨 아내
내려오는 누이동생 옆에는
강릉 최씨, 최 서방

피붙이 남매는 그리움의 그림자로만 남고
타성바지를 옆구리에 차고
인생바다를 헤쳐 가는
우리 오누이, 아~ 칠순 오뉘.

보물 사진 한 장

산더미 사진 속에서 찾아낸
보물 사진 한 장

그 옛적 약혼 시절
시골 여선생이던 그녀가
여름방학 되어 서울 와서
함께 찍은 추억의 사진 한 장

흰 투피스에 단발머리로
수줍은 미소 머금은 단아한 모습
그때 그 곱던 자태 어디 가고
하루 같은 내조로 저리 지쳐있나

지금 내 마음
그대의 그 어떤 모습이든
다시 이 땅에서 순례의 길 함께 걷고 싶은
꿈같은 미망을 가슴에 품고
보물 사진 액자에 고이 담아
오늘도 오가며 보고 또 본다.

무(無)

홀연히
떠나간
그대 빈 자리
우주보다 넓고

빈 무게
지구보다 무겁네

그 빈 가슴
채워줄 분
주님 손길 뿐.

바오로 대학

당신 떠난 지 열흘 남짓
당신이 잠든 영혼의 정원엔
영혼마저 얼어버릴 추위지만

늦은 밤, 잠자리에 들라 치면
내 심장은 열기로 화상을 입어
몇 번이고 밖에 나가 냉기로 그 열기를 내려 보지만
오히려 그 열은 온 몸으로 번지며 활활 타오른다

이 불 끄실 분은 오직 주님 뿐!
그 분 앞에 매달린다
망설이던 분당 바오로 성당 바오로 대학*의 문을 두드린다

미사 때 마다, 홍 안젤라 부활하여
하늘 정원에서 영원한 안식을 누리고,
지아비인 나도 마음속 그리움의 불을 끄고
어서 일상의 삶을 살아가게 해 달라고 기도 한다

개학 첫 날, 성경공부 선생님의 말씀이 가슴에 파고든다
"노년에 할 수 있는 가장 좋은 일은 두 손 모아 기도하는 것이요,
노년의 최대 행복은 주님을 모시고 사는 것임을 깨닫는 것입니다."

* 분당 이매동 성바오로 성당 노인대학.

한 달 만의 재회

봄눈 녹 듯
아내 사라진 후
꿈속에서나마
그대 보고픈 마음
하늘에 닿았으나
야속하게도
옷깃 하나 보여주지 않더니

한 달 째 되던 날 밤
맹방 옛 당신 집에
머물러 있다는 소식 듣고
허겁지겁 달려갔으나
곁눈질 하나 없는 싸늘한 당신
한 달만에 만난 지아비
정 떼려고 저리 냉정한가

잠 깨자 어찌할 수 없는 이 현실
차라리 꿈에라도 나타나지 말 일이지….

아침 인사

영원
그 정적에 잠긴
텅 빈 방
하늘 아버지의 품에 안긴
당신의 모습은
웃음으로 가득하네.

아침마다
눈 뜨자
그 빈 방문 열어
그리움 가득 안은
나의 아침 인사
굿 모닝!
…….

영혼의 정원

오늘은
당신 떠난 지 49일째
예수님 부활하신 날

고향의 초록산 양지바른 묘택
우리 가족 영혼의 정원에
홍 안젤라 묘비 세우는 날.

주일마다
당신 사랑으로 자란 두 남매
효성 드려 위령 미사 올리니

성령의 빛 따라
천사 날개 달고 부활하여
이제는 주님 품에서
기쁜 나날 보내리.

빈 강물

오늘은
말 한 마디 없이
당신 떠난 지
100일 되는 날

생전
티 나지 않는 삶을
조용히 살아가던 당신마저
우리 맏손자 주호의
미국 명문 대학 합격 소식에
그처럼 기뻐했던,
그의 국제학교 졸업식 날

영어로 진행되는 이국적 졸업식장
의당 나란히 앉아 축하해야 할 자리에
당신은 보이지 않고
그대 그림자만 옆에 끼고 지켜보는
내 가슴속에 흐르는 빈 강물

그러나 지금은 부활하여
천상에서 축하해 주는
당신의 환한 웃음으로
어느새
빈 강물이 푸른 물로 출렁이네.

천상 화원

법륜 스님의 즉문즉답 시간
어느 불자(佛子)가
"극락이 있느냐?" 묻자
"믿는 자에게 복이 있나니
천국이 너의 것이니라"
스님 입에서 나온
이 한 마디의 대답을 듣는 순간
내 가슴속에 쏴~ 한줄기 바람이 스친다
오로지 주님에 대한 믿음의 바람이

그리고 여러 날 지나
아내 떠난 지 150일이 되는 날 밤
아내와 단 둘이 천상의 화원을 거니는데
어디선가 은은히 울려오는
슈베르트의 세레나데
"죽은 사람에게도 이 음악이 들리느냐?"
나의 물음에
아내가 환하게 미소 지으며

잘 들린다고 대답하는 순간
꿈에서 깨어나다
아! 너무나도 짧은 이 만남

비록 한순간 스친 꿈이지만
천상의 주님 품에서
영원한 생명을 누리고 있는
안젤라를 만난 이 기쁨은
오롯이 주님을 향한 믿음의 응답이리라.

고마운 주님, 약속한 주님

홍 안젤라의 생애에
정작 그의 존재는 없었다
오로지 지아비와 자식들을 위한
희생의 삶일 뿐

점점 나이 들면 큰 병 얻어
지아비 신세질세라
천사들 품에 안겨
잠자듯 하늘나라로 데려가 달라고
늘상 기도하던 당신 모습

살을 에는 어느 추운 날 밤
조용히 안젤라 소원 들어주신 주님
고마운 주님!

천애 외톨이로 남은
이 지아비는
어찌하라고…
어찌하라고…
약속한 주님!

공기와 아내

공기와 아내는 서로 닮은 듯,
다른 듯하다

언제나 함께 있는 아내는
비록 눈에 보일지라도
공기처럼 느껴지지 않는 존재,
둘 중 하나라도 없으면
한시라도 살 수 없는 것은 닮은꼴이다

저녁연기 사라지듯 아내 떠난 후
공기 없는 진공 상태에서 숨 쉬듯
한시라도 못 살 듯싶더니,

얼라! 몇 굽이 세월이 지나도
나는 아직 숨을 쉬고 있네

둘이 다르긴 다른 건가….

발걸음 소리

아내 떠난 텅 빈 집은
침묵에 갇힌 깊고 깊은 절간

절이면 그래도
바람에 화답하는 풍경소리,
뜨락을 구르는 낙엽소리,
고무신 신은 스님들의 발걸음 소리
라도 들리련만,

나 혼자 지내는 집안은
적막강산이다

아내의 발걸음 소리가 그립다
천상낙원을 거닐고 있을
아내의 발걸음 소릴 듣고 싶다

저민 가슴 어루만져 주려
가끔 찾아오는 딸 수혜의 발걸음 소리

이제나 저제나
귀는 온통 현관으로 기울어 있다

누구의 발걸음이라도 좋다
발걸음 소리가 그립다.

+ 고 홍문자 안젤라를 위한 기도

이 인 평

한 생명, 한 생애가 마침내 떠날지라도
당신을 믿는 이의 영혼을 소중히 여기시어
구원의 자비를 베푸시는 주님, 감사합니다!
일찍이 홍 안젤라는 당신의 은총 안에서
김 바오로와 짝을 이루어
당신의 사랑을 실천하다 당신께로 돌아갔습니다.
바오로를 남겨 두고 먼저 떠났으나
그것은 당신의 섭리에 따라 소천한 것이며
육신의 고통을 온전히 벗어난 은총임을 깨닫습니다.
누구든 죽지 않고는 이룰 수 없는
당신의 자비로운 불멸의 섭리를 잘 알면서도
우리는 지상에서 이별의 아쉬움을 안고
떠난 이에 대한 슬픔의 눈물을 흘리게 됩니다.
주님, 홍 안젤라와 김 바오로에게
너그러우신 당신의 평화와 위로를 베풀어 주소서.
홍 안젤라의 영혼을 기쁘게 받아주시어
더없이 아름다운 천상의 영복을 누리게 하시고
저희를 사랑으로 내신 주님의 은총 안에서

서로 사랑하며 살아온 추억들이
장차 다시 만날 그리움의 위안이 되게 하소서.
부디 저희의 기도를 기쁘게 들어주시어
삶과 죽음이 한 길로 이어져 가는
부활의 기쁨과 영생의 기쁨을 누리게 해 주시고
당신을 찬미하는 기쁨을 살게 하소서. 아멘.

제3부 : 사랑하는 당신에게

추석전야, 당직을 서며
-결혼 1주년을 맞아, 당신에게

계절은 가을, 가을 중에서도 중추가절(仲秋佳節), 지금은 한나절의 음산하던 하늘이 오후부터 활짝 개어 무수한 별들로 가득 차고, 한가위 전날 밝은 달은 두둥실 높이 떠올라 온 누리를 밝히고 있는 너무나 고요한 한밤중이오.

모처럼 숙직(宿直) 당번이 되어 순찰 중 뒷산에 올라 하늘을 쳐다보면 쏟아져 내릴 듯한 별빛, 바다를 내려다보면 헤아릴 수 없는 고깃배 불빛에 갑작스러이 당신에게 펜을 들고 싶은 심정에 책상머리에 앉아 보니, 모레면 음력으로 결혼 1주년이 되는 날로서, 지나온 1년을 되새겨 보는 의미에서 사랑하는 당신에게 이 글을 쓰고 있소.

서로 생면부지(生面不知)의 남남이던 당신과 만나 벅찬 기대와 희망 속에 결혼식을 올린 후 1년이 지난 지금, 지나온 한해를 회고하고 현재를 정리하여 앞으로 한없이 뻗어갈 우리의 공동생활을 살찌우기 위하여 허심탄회하게 내 마음을 털어놓을 수 있는 오늘 이 시간의 기회를 주신 그 어느 누군가에 감사하고 싶은 심정이오.

한마디로 말해 우리의 결혼생활 1년은 지극히 평범하긴 하였으나, 큰 트러블 없이 원만하게 이끌어 온 당신에게 우선 감사를 드리오.

1년간의 소득은 수치로 나타낼 수 없는 둘 사이 애정의 심화가 깊어졌다고 할 수 있겠고, 경제적으로는 당신이 늘 못마땅하게 여기지만 우리의 보금자리가 될 연희동 아파트가 거의 준공 단계에 있으며, 마지막으로 눈에 보이는 소득이며 무엇보다 가장 크고 보람있는 소득은 우리 둘 공동 생명의 결정체(結晶體)가 당신 몸에 잉태되어 그 역시 거의 준공단계에 이르렀으니, 이 세 가지가 결혼 1주년의 소득이며 수확으로 집약될 수 있겠소.

그다음은 현재의 우리 생활을 정리하고 싶소.

실은 당신이나 나나 결혼생활의 황금기인 신혼의 보금자리를 본가(本家)를 떠나 서울에서 가지리라 생각 했었으나, 회사의 형편상 그렇지 못하여 부득이 대식구를 거느린 본가에서 함께 지내게 되어, 신혼에 모든 것이 불편스러웠을 것이며, 정신적 스트레스도 컸으리라는 것은, 우리 둘 다 말은 하지 않았으나 너무나 잘 알고 있고, 이점 난 당신한테 늘 미안하게 생각하고 있소.

당신에게 교편을 계속 잡게 하고, 또한 내 본의도 아니며 애초 생각지도 않았던 시가(媤家)생활을 하게 한 점에 대해서는(물론 그 기간이 오래 계속되지 않고 곧 끝날 것이지만) 언제나 당신한테 미안하게 생각하고 있으나, 당신한테 한 가지 바람이 있다면 기왕 시가 생활을 하는 이상, 당신이 식구들과 잘 어울렸으면 하는 것이오. 말이 너무 없는 당신과 어머니를 비롯한 식구들과는 아무래도 서로 어색할 수밖에 없겠지만, 내가 당신에게 식구들과 대화를 좀 하라고 하면 당신 답변은 언제나 이야깃거리가 없다고 하나, 일부러라도 말을 만들어 식구들과의 대화에 동참하는 모습을 보여주면 좋겠소. 나의 생활신조는 무엇보다도 부부와 가정의 화평을 들고 싶소.

그다음 당신의 근심거리로 화제를 바꾸어 우선 태어날 우리 아기부터 이야기하자면 당신한테 그저 미안할 따름이오.

무거운 몸 이끌고 학교에 가서 아이들한테 시달리다가, 돌아와서는 며느리 된 도리로 한시도 마음 편히 쉬어보지 못하는 당신한테 천성이 게으른 내가 아무런 일도 도움을 주지 못하는 점 말이오.

아기 낳는 일, 아기 키우는 일 둘 다 당신이 걱정하고 있지만, 신의 섭리로 그런 일은 순리대로 되어 가리라 생각하니 나는 별로 큰 문제로 생각지 않으오.

당신의 두 번째 근심거리인 아파트 문제는 내부 공사비까지는 당신의 보조만 좀 받으면 그런대로 해결될 것이고, 지대 및 층수가 높아서 생활이 불편하리라는 당신의 우려에 대해서는 나도 전연 공감이 가지 않는 것은 아니지만, 완공 후 생활을 하여 보아 대단히 불편할 것 같으면 매각해 버리면 될 것이고, 또한 매각할 때의 값도 당신이 크게 걱정하는 바이지만, 현재 같은 서울의 주택 사정으로는 제값은 충분이 받을 수 있을 것이라 생각되니, 이 문제에 대해서도 너무 고민하지 않아도 될 것 같으오. 오히려 걱정거리가 된다면 완공되는 10월까지 나의 본사 전근이 되지 않아 입주 문제를 어떻게 해결하나 하는 점일 것이오.

그다음은 우리 앞날의 생활설계를 그려 봅시다.

이점 첫째로, 당신의 서울 전입 문제와 연관되는데 여러 루트를 활용하여 신학기에는 전입 노력을 해보겠지만, 그때 어떤 이유로든 불가능해지면 헤어져 있을 수는 없는 우리이기에 경제적으로는 좀 불리해 질 수도 있겠지만 퇴직 할 수밖에 없을 것 같고, 그렇게 되면 얼마나 될지 모르는 퇴직금을 활용하여 자립의 기틀을 마련토록 하면 오히려 더 좋을 듯싶기도 하오.

그다음 나의 문제로서 최고의 학부를 나와서 뭇사람의 기대를 한몸에 받던 내가 이처럼 고향의 자연에 묻히니, 그 자연이 너무 좋아 주위를 감싼 그 자연과 동화되어 빛을 발하지 못하는 현재의 당신 남편의 위상에 대해서, 당신의 불만이 대단하리라는 것은 당신의 언동에서 내가 지레 짐작하고 있소.

그러나 어중간한 지금의 과도기가 지나 생활의 질서가 잡히면 책과 가까이 할 각오가 충분히 되어 있으니, 이 점에 대해서는 앞으로 당신의 계속된 후원과 질타를 바라오.

남들 다 하는 극장구경 한 번 함께 가보지 못하고, 그럭저럭 1년이란 세월이 지났구려.

온양에서의 피곤하였지만 꿀맛 같은 허니문이 꿈만 같은 지금, 우리 좀 더 밝고 웃음 띤 얼굴로 생활에 윤기가 흘러넘치는 삶을 살도록 서로 노력하고, 나부터 실천하도록 노력하리다.

밤은 점점 깊어가고, 한가위 전야의 높이 뜬 달은 점점 밝아지오.

사랑하는 당신에게 생각나는 이것저것 두서없이 적어 보오.

밤이 깊으오.

I love you!

〈1970. 9. 14. 밤 12시. 추석 전야, 동해공장 사택에서〉

목계리(牧溪里) 기행

금년, 피천득의 오월은 1일 메이데이를 시작으로 주말과 어린이날이 이어져 교통 혼잡이 예상되어, 벼르던 강릉 여행길은 4월 마지막 주말로 날을 잡아 길을 떠났다.

차의 트렁크에 장독 항아리를 가득 싣고 제일 먼저 왕산면 목계리의 처조카 성숙이 전원주택에 도착한 것은 해거름 저녁 무렵이었다. 대관령 치맛자락에 감싸여 이름같이 목가적인 목계리 계곡의 개울가 언덕에 지은 그 전원주택은 참으로 소박하게 지은 집으로 수년 전 여름휴가 때 아내와 함께 이틀 밤 지낸 곳이기도 하다.

도착하자마자 더 어두워지기 전에 조카 부부와 함께 목계리와 경계를 이룬 해발 600m 삽당령을 넘어, 나와 같은 직장에서 오랜 기간 함께 했던 안 부사장이 고향인 임계면 봉산리 산 중턱 전망 좋은 터에 새로 지은 목조 주택을 찾아가 둘러보며 아내가 감탄사를 연발하기에 사라져버린 전원주택에 대한 나의 꿈을 되살려 보려고 슬며시 운을 떠보았으나 아내의 완강한 반대 의지만 재차 확인할 뿐, 꿈은 꿈으로만 남을 따름이었다.

4월 말이지만 태백산령 고산지대라서 전에 보았던, 꽃밭을 이룬 야생화 한 포기조차 아직 피지 않은 봉산리를 떠나 목계리에 되돌아와서 식사준비 하는 사이, 나는 호두나무로 가득 찬 동네 과수원

길 따라 청량한 대관령 공기를 폐 깊숙이 들이마셔 가며 마을길을 산책하는데 피천득의 '오월'에 나오는 시구가 가슴 속을 파고들었다.

"신록을 바라다보면
내가 살아있다는 사실이 참으로 즐겁다
내 나이를 세어 무엇 하리
나는 지금 오월 속에 있다."

저녁 식사는 강릉 문어 등 해산물과, 두릅 등 산나물로 진수성찬이 차려져 이모 내외인 우리를 친부모인 양 포식하게 해주었으며, 갖고 간 항아리는 넓은 잔디밭 한갓진 반석 위에 옮겨놓으니 한결 운치가 풍겨 나왔다. 하늘에 총총 뜬 별의 배웅을 받으며 목계리를 떠나 숙소인 경포대 해수욕장 입구의 라카이 콘도에 여장을 풀고, 늦은 밤 넓고 고요한 백사장을 가로 질러 바닷가에 다다라 호수같이 잔잔한 밤바다의 은파가 불러주는 해조음을 들으며 여행의 오붓함을 한껏 맛보기도 하였다.

곤히 새벽잠에 떨어진 나를 호들갑스럽게 깨운 아내는 어서 일어나 일출을 보라고 성화이다. 시계를 보니 정확히 다섯 시 반, 하와이 토착어로 '빛나는 바다'란 뜻을 지닌 '라카이'란 이름의 새로 지은 일급 콘도에서 바라보는 해는 순식간에 해수면을 치고 올라오는데, 그 짧은 사이에 아내는 손주들 잘 자라게 해 달라는 예(例)의 화살기도를 올린다.

해가 하늘로 차츰 떠오를수록 하늘과 바다의 희미한 수평선마저 사라져 버리고 시간이 지날수록 태양은 한여름처럼 백사장 위로 작열한다.

아침은 콘도에서 간단히 해결하고 점심은 초당 순두부 마을의 원조 순두부집에서 씹을수록 고소한 맛이 우러나는 순두부로 배불린 후, 바로 이웃한 허난설헌 생가 터를 처음으로 찾아 적송에 둘러싸인 고택을 둘러보며 몸으로는 신록의 자연을 만끽하고, 눈으로는 난설헌 허초희와 교산 허균 남매가 남긴 시문(詩文)을 읽으며 안복(眼福)을 누렸다.

그러고 나서 강릉을 찾을 때의 언제나처럼 경포호수를 한 바퀴 드라이브 한 후, 귀로에는 진고개와 오대산 월정사를 거쳐 오기 위하여 내 산문집의 '여기가 좋겠네'에 나오는 우리나라에서 제일 멋있는 드라이브 길인 연곡–진고개 길 따라 아내와 단둘이 서두를 것 하나 없이 여유롭고 홀가분하게 운전하며 우리 두 중늙은이의 늦복(末福)을 마음껏 즐겼다.

소금강 입구를 지나 약수터까지의 양 옆 길 따라 산에는 신록이라 부르기에는 너무 이른 연한 연둣빛 이파리들이 캔버스에 물감 칠하듯 뿌려져 보는 이의 입을 다물지 못하게 하더니, 약수터를 지나면서부터는 녹색은 사라지고 물오른 가지들이 겨울 색과는 약간 다른 색을 띄면서 산 아래 쪽과 대조를 이루는 또 다른 경관을 자아내고 있다.

태백산맥을 넘는 영(嶺) 중 가장 낮고 완만한 삽당령과는 달리 이곳 진고개는 해발 950m 고지를 넘는 험한 고갯길로 정상을 넘어 한 이십여 분 달리면 오대산 월정사 입구에 닿을 수 있다.

월정사 좀 지나 아름드리 전나무 숲 속에 차를 세워 침엽수에서 뿜어 나오는 피톤치드를 온 몸으로 받아 마시며 바위에 걸터앉아, 아내와 단둘이 조카가 꾸려준 옥수수를 '시간은 가거라 나는 먹는다'라는 기분으로 한 알 한 알 씹어 먹는 이 옥수수 맛이야말로 다른 그 무엇과도 비교가 되지 않을 정도로 입맛을 돋운다.

선계(仙界)에서 간식하는 사이, 또 다시 피천득의 '오월'시구가 떠오른다.

"오월은
금방 찬물로 세수를 한 스물 한 살
청신한 얼굴이다

하얀 손가락에 끼어있는 비취가락지다

....

그러나 오월은
무엇보다도 신록의 달이다
전나무의 비늘 잎도 연한 살결같이 보드랍다”

상원사 가는 비포장 길 옆 선재(善財)길 따라 이파리는 보이지 않고 껑충한 진달래만 분홍빛 꽃을 피우고 있다.

귀경길에 둔내터널 지나자 산야의 빛깔이 다시 초록으로 변하는 자연의 오묘함을 눈여겨보며, 이틀간 푸른 낙원에서의 신선놀음을 뒤로 하고 일상으로 돌아오다.

〈2015. 5. 1〉

1주기(一周忌)를 맞아
아내 홍문자 안젤라에게 바치는 글

《당신과의 만남》

1968년 여름방학 때, 삼척시내 '별'다방에서 우리의 만남은 시작되었소. 청량리역을 출발한 기차는 중앙선, 영동선을 거쳐 열서너 시간만에 삼척에 당도하여 그 다방에서, 순결하고 청아한 한 송이 백합 같은 당신의 모습을 보는 순간 바로, 나는 당신을 내 평생의 반려자로 맞이하기로 하였지요.

다음 해 추석 무렵, 종로2가 YMCA 강당에서 주변 뭇사람들의 축복 속에 혼례를 올린 후 얼마 되지 않아, 내가 공장 발령을 받아 고향집에서 지내는 1년 동안, 당신은 수혜를 임신한 몸으로 시부모를 모시고 시집살이를 하면서 교편생활을 계속한 그 1년이 아마도 당신 생애에 가장 힘든 시기가 아니었나 생각되오.

그 후, 서울로 올라와 연희동, 구산동, 삼성동으로 이사를 다니던 중, 70년대 중반 내가 사우디 아라비아 건설 현장에서 근무할 때, 열악한 열사의 나라에서 내가 고생하고 있다는 소식에 식음을 못 들고 거꾸로 당신이 병이 날 정도로, 당신의 삶에는 평생 당신은 없고 오로지 지아비 걱정으로 날을 지새운 그러한 지어미였소.

당신과 함께한 47년의 세월은 내가 언제나 회사 일이 바쁘다는 핑계로 집안 살림에는 조금도 도움이 되지 못하였고, 손재주가 없어 집안에서 못 하나 박지 못하는 못난 남편을 만나 당신에게 고생만 시켜준 일이 주마등처럼 줄줄이 떠올라 회한으로 남아 있소.

그렇지만 길다면 긴 우리의 결혼생활이 언제나 고달프지만은 않았지요. 수혜, 남윤이 잘 자라주어 좋은 가정 이루고, 우리들의 보물단지 주호. 준호. 서영. 정헌이 네 명의 손주들도 잘 자라 우리 둘은 언제나 어깨를 펴고 나다닐 수 있었지요.

그리고 내가 회사를 한동안 떠나 있을 때와 그 이후에도 함께 손 붙잡고 세계의 아름다운 관광지를 찾아 여행도 많이 다녔고, 무엇보다도 우리 가족 열 명 1개 분대가 함께 싱가포르에 단체여행 갔을 때의 그 뿌듯함과 기쁨은 이 순간까지 잊혀지지 않는구려.

당신의 성품은 언제나 겸손하고 말 수가 적은 편으로, 남편인 나도 사회에 나가 남들에게 겸손하게 대하라고 늘 신신당부하던 그러한 아내였지요.

부부모임이 있어 함께 모임에 나갈라 치면 당신은 언제나 아름답고 단아한 한 마리 학처럼, 여러 사람들의 시선을 한 몸에 받아 지아비의 어깨를 으쓱하게 해주었소. 이 대목의 글을 보면 당신은 하늘나라에서 또 나를 핀잔주겠지만, 어쩔 수 없지요. 당신은 이제 이승의 사람이 아니니까….

《하늘이 무너지고, 땅이 솟아나고》

20여 년 이상 살던 분당 아름마을 풍림아파트가 오래되고 둘이 살기에 평수가 너무 넓어, 야산이 가까운 작은 평수의 이웃마을 아파트로 이사 간지 얼마 안 된 금년 2월 3일 아침이었소.

내 방에서 나온 나는 의례 부엌에 있어야 할 당신이 보이지 않자 "여보!"하면서 당신 방문을 여는 순간, 나는 기절을 하였소. 당신은 침대에서 입을 꼭 다물고 잠자듯 누워 있었는데, 몸은 벌써 싸늘하게 식어 있어, 이 세상 사람이 아니었소.

하늘이 무너지고, 땅이 솟아나고, 해일이 폭풍처럼 밀려오고, 말로 표현할 수 없는 공포가 엄습하는 속에서도, 정신을 가다듬어 수혜와 남윤에게 전화로 즉시 알려주고 집안 형제들에게도 알려 장례 절차에 들어가게 하였지요.

이런 변고를 겪고 뒤돌아보니 내가 당신한테 너무 무심했던 것 같소. 작년 말로 동곡재단 산하 회사 '삼동'을 그만 두고 그룹 회장께서 재단 사무실에 계속 근무할 수 있도록 자리를 마련해 주었을 때, 당신은 내가 집에서 쉬게 되면 세끼 식사(三食)를 해줄 수 없을 터인데, 회장 배려로 본인이 예전처럼 두 끼 식사만 준비하면 된다고 너무 기뻐하면서, 남들 앞에 나서기를 무엇보다 싫어하는 당신이 '회장님을 만나 고마움을 직접 전하고 싶다'며, 나보고 그 주선을 해달라고 조르기도 하였지요.

그리고 한 달이 지나 이런 일을 겪고 나니, 당신 몸이 얼마나 힘들었으면 회장님까지 만나서 고맙다는 인사를 하고 싶다고 하였을까! 나는 아내에 대해서 어쩌면 그리 무심하였을까! 조금이라도 내가 눈치가 있고 아내를 생각하였더라면 억지로라도 병원에 데리고 가서 정밀검사라도 받아보게 할 걸! 하지만 이 모두 지나간 일, 가슴을 쳐볼 뿐이오.

삼성병원 장례식장에서 나와 사위, 자식들을 찾는 많은 조문객들의 애도 속에 장례를 무사히 치르고, 고향 초록산록 우리 가족 '영혼의 정원'에 당신의 한 줌 유골함을 묻고 돌아오는 지아비와 자식들의 가슴속 회한은 나의 필력으로는 이루 표현할 길이 없고, 오직 눈물만 앞을 가릴 뿐이었소.

장례를 치른 후부터 나는 가슴이 타올라, 저녁 잠자기 전에 영하 18도가 넘는 혹한 속에서도 하루 저녁 서너 번씩 밖에 나가 열을 식혀보았지만 내려가지 않아, 한동안은 묵주기도를 하면서 가까스로 잠들기도 하였소.

한편, 심지 약한 내가 얼마나 견디기 힘들어 하는지 옆에서 지켜보고 계시던 그룹 회장께서는, 처음에는 매일 같이 전화로 또는 직접 만나서 나를 위로해 주셨고, 세월이 지남에 따라 내가 조금씩 안정을 찾아가자 그 간격을 조절해 가면서 얼마 전까지도 나에 대한 위로와 격려를 이어가고 있었소.

이를 계기로 회장의 새로운 진면목을 보면서, 나뿐만 아니라 하늘나라에 있는 당신도 그 고마움을 알아야 될 것 같아서, 그 과정을 상세히 적어보는 것이오.

당신 떠나기 한 달 전, 우리 맏손주 주호가 미국 명문대에 합격하여 우리 모두를 그렇게 기쁘게 했고, 장차 국제학교 졸업 후 주호와 함께 할미, 할애비 셋이서 합격 축하 기념으로 영국 여행을 다녀오기로 계획을 세웠으나, 당신이 떠남으로 이 모두는 못다 핀 꿈으로 사라졌고, 그 대신 주호는 영국 아닌 당신 묘소에 할애비와 단 둘이 들려 당신께 출국 인사를 해야만 하는 이 기막힌 반전(反轉)을 보고 겪으면서, 우리는 인생의 안타까운 비애를 다시 한 번 느끼기도 하였소. 그러나 마음 한편으로는 하늘나라에서 당신이 주호의 장도를 빌어 주리라는 믿음도 굳게 가졌으며, 지금은 미국에서 첫 학기를 열심히 보내고 있는 주호를 잘 지켜봐 주기 바라오.

또한 당신은 근래에 부쩍 우리가 80세 전후로 살면 인생을 어지간히 사는 게 아니냐고 하면서, 나이 더 들어 큰 병 들기 전에 잠자듯이 데려가 달라고 주님께 자주 기도를 하던 모습이 떠오를 때, 이제 생각해 보니 당신은 벌써부터 당신 몸의 이상 징후를 짐작하고 그리하였을 터인데, 아둔한 나만 그걸 모르고 당신을 이렇게 허망하게 보내버렸구려!

하느님은 당신 소원 들어 주어 고마운 주님이지만, 짝 잃은 나는 어찌하라고… 야속한 주님일 따름이오.

《영원한 생명을 믿다》

당신을 떠나보내고 처음 한 달간은 숨을 쉴 수 없을 정도로 힘들었고 잠들기가 어려워, 이 고통을 이겨내는 길은 오직 주님한테 매달리는 길 밖에 없을 것 같다는 것을 깨닫게 되었소.

갓 태어난 강아지 눈 뜨듯이 신앙에 조금씩 눈을 떠가면서 당신 떠난 후, 당신의 분신인 딸 수혜와 아들 남윤이 매주 본당에서 위령미사를 봉헌하고 있고, 마리아 누나 수녀가 소속된 '성바오로딸수도회'와 '공간시낭독회'의 전 · 현 회장을 비롯한 당신을 아는 많은 신자들이 위령미사와 기도를 올리고, 한편 이승에서의 당신 신심생활을 어여삐 여기신, 자비하신 하느님께서 굽어보시어 지금은 당신도 천사의 날개 타고 부활하여 주님의 품에서 영생 복락을 누리리라고 나는 굳게 믿고 있소. 당신을 위해 지극한 정성으로 기도와 위령미사를 봉헌해 주신 고마운 분들 모두에게 감사의 마음을 전해 드려야겠소.

당신 보내고 틈나는 대로 성경과 신앙서적을 열심히 읽으면서 하느님을 향한 믿음과 그 자비하심을 깊이 깨닫고 있소. 특히 금년 6월 조선일보에 실린 남원본당 권이복 신부님의 '영원을 믿기에 우리에게 이별은 없다'란 묵상 글에서, 신부님은 아내 잃고 살 수 있는 길은 오직 한 가지뿐 신앙! 강건하고 올바른 신앙! 그 길 말고는 다른 길은 없음을 일러 주었소. 그리고 산 이와 죽은 이, 우리 모두는'영원'이라는 시간 속에 같이 살기에 하늘나라에서 영원한 생명을 얻어 다시 만나리라는 믿음을 굳게 심어 주어, 그 묵상 글을 줄을 그어가며 읽고 또 읽으면서 위로를 받고 있소.

그리고 구도 시인 구상도 '오늘'이란 시 2연에서

'이렇듯 나의 오늘은 영원 속에 이어져
바로 시방 나는 그 영원을 살고 있다
그래서 나는 죽고나서부터가 아니라
오늘로부터 영원을 살아야 한다
마음이 가난한 삶을 살아야 한다
마음을 비운 삶을 살아야 한다'

라고 영원 속에 영원한 생명을 믿는 신앙인의 삶을 찬미하여, 장차 하늘나라에서 우리의 만남을 더욱 굳게 믿게 해주고 있소.

성경을 더 읽고 신앙서적을 읽을수록 신앙은 '마음과 정성을 바쳐 하느님을 사랑하고, 이웃을 네 몸같이 사랑하라'라는 주님의 계명을 더 잘 알게 될 것 같소. 아무것도 몰랐던 나의 얕은 신앙 속에서 비록 꿈속이었지만, 어느 날 밤, 당신과 내가 함께 천상 화원을 거닐었던 것은 주님이 내게 내린 은혜임을 나는 믿소. 이젠 꿈이 아닌 '영원'속에서 당신을 다시 만나는 기쁨을 누릴 수 있도록 내 믿음을 더욱 굳건히 하여 하느님과 이웃에 대한 사랑이 넘치는 여생을 살도록 하리다.

당신이 지아비인 나와 가족들에게 작별인사 한 마디도 없이 우리 곁을 떠난 지도 어느 사이 일 년이 흘렀소. 그동안 가슴속 눈물로 지새운 나날의 연속이었지만, 한편으론 영생을 믿고 재회의 희망을 안고 지내는 동안 1주기(一周忌)를 맞이하여, 지아비인 내가 이승에서 당신한테 해줄 수 있는 마지막 선물로 이 추모집을 만들어 당신 기(忌) 제사상에 올려줌으로써 나의 도리를 다하려고 하니, 하늘나라에서 찬찬히 읽어주기 바라오.

이젠 정말로 작별 인사를 해야겠소.

나의 아내 홍 안젤라! 잘 가시오!
천상낙원에서 다시 만날 때까지, 안녕! 안녕!

〈2016. 12. 31〉

제4부 : 청마(靑馬)의 해를 보내며

청마(靑馬)의 해를 보내며

《첫 시집과 산문집을 내다》

60년 만에 찾아온 갑오(甲午)년 청마(靑馬)의 해 세모에, 행운의 상징인 푸른 말은 그 소임을 다하고 다그닥 다그닥 서산 너머로 사라져 가고 있다.

말띠인 나에게 청마의 해인 올해는 지나온 내 삶을 정리한 첫 산문집과 첫 시집을 낸 특별한 의미를 지닌 해이다. 이러한 해에 그 책들을 읽어본 친구들과 주변 지인들의 독후감에 대한 소회를 적어봄으로써 저물어 가는 이 한해를 마무리해 본다.

지난 해 더위가 극에 달했던 말복 날, 지병인 협심증의 관상동맥 우회수술을 받은 후에 중환자실에서 이승과 저승을 넘나들며 영겁 속에 들려오는 기계음 소리를 들으며 내 생을 되돌아볼 기회가 있었다. 이를 계기로 입원 중 평소에 큰 숙제로 가슴 속에 담아 두었던 일기를 비롯한 산문들과 최근 몇 년 간 쓴 시들을 모아 더 늦기 전에 책을 내야 되겠다는 결심을 하기에 이르렀다.

퇴원 후 곧바로 일기장들을 뒤져 찾고 간간히 쓴 수필들을 정리하여 본격적으로 책 출간 준비에 들어갔으며, 출판 작업 중에 '열화당'에서 '황금마루'로 출판사를 바꾸는 우여곡절을 겪은 후에, 수술받은 지 1년여 만에 첫 산문집 《한여름 밤의 연가》와 첫 시집 《종이배의 행로》 두 권이 내 책상 위에 놓이게 되었다.

양장본에다 대학친구가 그린 그림을 표지와 간지에 넣어 출간된 두 권의 책은 어디에 내놓아도 손색이 없을 정도로 예쁘게 장정되어, 첫 돌 맞았을 때의 네 명의 우리 집 강아지들처럼 품에 안고 싶을 정도로 귀엽기 그지없다.

덤으로, 벗인 강 화백으로부터 시집 표지 풍경화 그림을 선물 받아 사무실 벽에 걸어 놓고 보니, 금년 한해 책과 그림으로 큰 수확을 한 기쁨이 가슴 가득히 차오른다.

책이 나오자 전 · 현직 그룹 사람들과 친구들 그리고 주변 지인들에게 소그룹별로 직접 만나서 전해주기도 하고 대부분은 우송해 나누어 주었으며, 각급 모교와 주요 도서관에도 비치토록 하였다.

《독후감 소회》

책을 받아 본 사람들은 내가 시집과 산문집을 내리라고는 상상도 하지 못하다가 받아보고, 이구동성으로 책이 너무 예쁘고 글의 내용도 감동적이라고 하면서 많은 사람들이 전화로 고마움 겸 인사를 전해오고, 다른 많은 독자들도 문자와 메일로 독후감을 보내주었다.

내 책을 읽은 사람들은 회사 사람들과 친구들, 그리고 학교 선·후배들로서 나름대로 나를 알고 있는 사람들인데, 평소 그들이 알고 있는 나라는 사람은 그룹에서 오랜 재무중역(CFO) 경력에다가 공인회계사에 회계학 교수로서 평생 숫자만 만져, 감정은 메마르고 오로지 정확한 사람으로만 인식하고 있는 사람들이 대부분이다.

그렇게 생각했던 그들이 내가 고등학교 때부터의 일기장을 지금껏 보관하고 있다는 사실에 우선 놀라워했고, 책의 내용들이 나와 동시대를 살아온 자기들에게 너무나 공감된다는 답글들을 보내주었다.

그와 함께 산문집과 시집 발간에 대한 부러움과 그리고 나와 함께 한 세월과 생활로 행복해 하는 문구의 독후감들이 각지에서 날아들어 그야말로 나를 하늘로 붕 떠오르게 하였다.

이런 마음의 풍선을 달고 날아오르는 나를 보면서 아내는 매일같이 풍선 밧줄을 잡아 끌어내리려고 애를 쓰고 있었으며, 그 한 예로 본인이 소속된 몇 명 안 되는 성당의 가까운 레지오 단원들에게조차도 내 책을 나누어 주지 않아 나를 섭하게 하기도 하였다.

다른 한편으로는 많은 부수의 책을 나누어 주다보니 의외로 상당수의 독자들은 내가 정성들여 보내주었음에도 불구하고 책의 미리말과 목차 정도만 읽고 더 진도를 나가지 않았음을 나중에 그들과 대화중에 은연 중 알게 되기도 하였다. 일반 독자들한테 책 읽기란 원래 그런가보다.

반면 내가 명예회원으로 있는 '공간시낭독회'에는 내가 금년에 이름을 처음 올리고 40여 명의 회원들과는 일면식조차 없었음에도 우편으로 내 책을 받아 본 대부분의 회원들이 전화나 문자, 메일로 고맙다는 덕담을 해주었으며, 그분들 중에 예술원 회원이며 이 모임의 창립회원이신 박희진 원로시인은 내 시집을 보고 현대시들처럼 난해하지 않고 현학적이지 않아서 좋다고 하시면서 전화로 격려까지 해 주셨다.

앞으로 기회가 되면 이 모임의 낭독회 자리에 자주 얼굴을 내밀어 프로 시인들과 교유를 나누며 얕은 내 시의 샘물을 맑은 물로 채워보아야 되겠다는 마음을 다져보기도 하였다.

《독후감 낙수》

책을 나누어 준 후, 여러 층의 독자들로부터 전화나 메일로 고맙다는 인사와 함께 개중에는 내 심금을 울리는 독후감을 보내오기도 하였다.

그 중에서 가장 가슴에 와 닿는 몇 분의 통화 내용과 글을 정리해 본다.

책을 받자마자 고향 배골 마을 출신 후배인 정 시인이 동해시와 임계를 잇는 백복령 산중 자기 처소에서 내 책을 곧바로 다 읽고 나서, 너무 감동이 되었노라고 하며 정말로 울음을 터뜨리는 전화를 주어, 동네 선배인 내 마음까지 울려 언제 고향 나들이를 할라치면 백복령 그의 산막을 한번 찾아볼 요량이다. 그 후에도 몇 번 통화가 더 있던 중 올해도 다 저물어 가는 세모에 친필로 두툼하게 쓴 독후감 편지에 같은 동네에서 자랐던 배골 이야기를 정감 가는 고향 말투로 써서 보내왔다. 우리 마을 사람들만이 정서적으로 공감할 수 있는 내용들이지만 그중 우리 집 택호인 '단실댁'과 연관된 시 몇 편을 골라 뒤편에 실어보았다.

또한 그룹에서 오래 모셨고 평소 존경해 마지 않는 고등학교 이 선배님께서는 서로를 잘 아는 입장에서 내 책을 받아보시고, 이제는 내가 이 세상에 태어난 소임을 다하지 않았느냐고 하시면서 책 출간을 축하해 주셨다.

그리고 고교 후배인 심 의원은 본인은 아들만 두 명 두고 있는데, 산문집에 나오는 '딸의 의미'를 읽고 가장 가슴이 뭉클하였노라고 전화를 주었다. 심 의원 외에도 딸 가진 여러 독자들이 이 장을 읽고 모두 크게 가슴 한 구석이 찡해 왔다고들 이야기해 주었다.

대학 소모임 '송우회' 회원 부인인 조 권사는 내 책을 읽고 "진지하게 살아오신 생활들이 죽음을 겪지 않고 하나님께 동행하며 살았던 에녹을 생각하게 합니다."라는 메일을 보내주어, 성경에 문외한인 나는 다음 번 부부 모임에서 조 권사에게 에녹에 대해 물어본 일도 있었다.

그리고 많은 독자들이 산문집 속의 '행상하는 여제자'란 수필을 읽고, IMF 한파와 소한 한파 속에 명동 한 복판에서 행상하는 여제자에 대한 나의 애틋한 마음에 다들 애잔한 반응을 보여 주었다. 옛날처럼 신상 정보만 알고 본인을 쉽게 찾을 수 있다면, 그 여제자를 만나 내 책을 전해 주고 그때 하지 못한 차라도 나누면서 중년의 강인한 생활인으로 변해 있을 그녀의 모습을 한 번 보고 싶으나, 세상이 바뀌어 그럴 수도 없는 것이 못내 가슴속에 아쉬움으로 남아 있다.

또 어느 날 출근하자 춘천의 어느 여자분한테서 전화를 받았는데, 본인은 나와 고교 동창인 장 군의 부인이라고 소개하면서, 산문집의 맨 마지막 장 '생가 노송'을 지난 밤 읽으면서 작년에 돌아가신 친정어머니 생각으로 한 잠도 못 잤노라고 하며, 그 장의 마지막에 나오는 '영원한 고향'이란 시를 읽어보고 싶다기에 그러라고 하였으나 눈물범벅이 되어 낭독이 잘 되지 않는 사례도 있었다.

많은 독자들이 이 '생가 노송'을 읽고 어머니 생각에 가슴이 메었노라는 반응을 보여주었으며, 우리네 몸과 삶의 원형인 어머니야말로 우리가 마지막으로 기대고 싶은 마음의 버팀목이며 또한 가슴속 깊이 사무친 그리움의 대상임에는 틀림이 없다는 것이 독자들의 반응으로 다시 한 번 확인되는 대목이었다.

원래 이 '생가 노송'은 강릉 오죽헌 인근에 '사모정 공원'을 조성한 '백교문학회' 회장이신 권 선배님께서 신사임당과 이율곡 모자의 고향인 강릉을 세계 효사상의 발원지로 삼겠다는 취지의 책을 발간하기 위하여 주로 강릉 출신 문인 위주로 원고를 받았는데, 나도 이에 동참하게 되어 쓴 글이다. 이 글들을 모은 책은 《세상의 빛, 어머니의 사랑》이란 제목으로 출간되었으며, 영문판으로도 번역되어 국내 및 세계 유수 대학 도서관에 배포되었고, 2018년 평창 동

계올림픽 때 강릉을 찾게 될 IOC 위원들에게도 나누어 줄 예정이라 한다.

내 원고는 효 사상의 취지에 맞추어 출판위원 측에서 '생가 노송' 대신에 '생가 노송 밑에서 손 흔들던 어머니'라는 제목으로 바뀌어 실리었다.

지난 추석 벌초 때에는 내 책 두 권을 들고 가서 초록산 가족 묘원에 모신 조부모님, 부모님, 큰 형님 내외분의 3대 걸친 조상들에게 내 책 출간을 고(告)한 다음, 상석이 넓은 어머님 묘택 앞에서 시집 두 번째 쪽의 '사모곡'을 낭독할 때는 가슴이 메어져, 이 심경을 '어머님께 고(告)함'이란 시로 지어 이 장(章) 후미에 실었다.

또한 동해시 출신 '두타회' 회원들이 단풍 시즌 무릉계곡으로 고향 나들이 갔을 때, 내 책을 이미 읽어본 단아한 얼굴의 시 의회 여성 의장이 천곡동굴 구경 후 막 나온 나를 반갑게 맞으며, 동굴 속 냉기로 차디 찬 내 손을 보드러운 손으로 덥석 잡고 호호 불며 녹여 주어 내 마음까지 녹아 내려 쓴 시 '섬섬옥수'도 함께 실었다.

독후감 중에는 중동 열사의 나라에서 함께 젊음을 불태웠던 미국 뉴저지 주의 한 장로와 시드니의 오 사장이 오랜 이민생활에서 내 책을 읽고 누구보다 가슴 적시는 메일을 보내주었고, 그분들 외에도 정성을 들이고 들여 편지로 쓴 독자도 여럿 있었다.
이처럼 편지 외에도 여러 경로를 통해 독후감을 보내주신 모든 분들에게 깊은 감사의 말씀을 전해드리고 싶다.

마지막으로 모든 독후감은 나를 잘 아는 독자들이 쓴 글로서, 하나같이 잘 다듬어진 글임에도 불구하고 나에 대한 칭찬일변도의 내용들이 많음으로 시집에 이를 싣는 것이 과연 옳은 것인지(?) 고심에 고심을 거듭한 끝에, 내 나름대로 일정한 기준을 택해 한 십여 편만 골라 실어 보는 만용을 부려 본다. 더 정성들여 쓴 독후감을 함께 싣지 못한 많은 분들에게는 이 지면을 빌어 양해를 구한다.

어느새 길거리 지하철역에서 댕그렁 댕그렁 울리는 종소리를 들으며 자선냄비 속에 온정의 손길이 이어지고 있는 세모가 다가왔다. 학창 시절부터 일생 동안 준비하여 쓴 산문집과 최신작 시집의 두 권을 상재(上梓)한 금년 청마의 해야말로 내 삶에서 가장 뜻 깊은 해임에는 틀림이 없다.
수많은 주변 사람들로부터 과분한 덕담과 격려를 받고 얼마 동안은 마음의 평상심을 잃고 지냈으나, 세월이 지나감에 따라 모든 것은 가라앉게 마련이므로 이제 한해를 마무리하며 나도 제 자리로 돌아와 시인 본연의 치열한 자세로 시작(詩作)에 더욱 정진해야겠다.

시는 소중한 삶의 노래이며, 인간의 감성과 예지가 빚어낸 영롱한 언어의 결정체이며, 맑은 영혼의 집이라고 생각한다.

이제 일흔 중반에 접어드는 새해를 맞아 영혼을 더욱 맑게 가꾸며, 언제나 사랑을 잊지 않는 보다 새로운 삶을 살아야 되겠다는 다짐을 해본다.

2014. 12. 세모에

어머님께 고(告)함

벌초 날, 초록산 묘택
할아버지, 아버지, 형님
3대(代)에 걸친 조상 영전에
갓 태어난 내 첫 시집, 산문집을 헌정하다
이승에서 윗대에 진 빚 벗은 듯하다

어머님의 넓은 상석(床石) 앞에서는
시집 첫 면의 '사모곡'을 고(告)한 후
마지막 면의 '고요한 귀향'을 낭송해 드렸다

3행의 '어머님 품으로 돌아와'를 읽을 땐
가슴이 울먹여 절로 암송이 멈추어졌다

일흔 줄 나이에도 어머니 앞에서는
하냥 어린아이일 따름

영원의 길목에서 만날 어머니께서
막내아들에게 하실 첫 마디는…?

어머니, 우리 어머이!

섬섬옥수

10월 상달, 무릉계곡 단풍의 아름다움이
타관살이 두타회원들 가슴속까지 스며들어
갑자기 길 떠난 고향 나들이

맨 처음 발길 닿은 곳은 천곡동굴
얕은 천장에 헬멧 쓴 머리 수없이 부딪친 후
밝은 세상 나오자, 시 의회 여성 의장이 일행을 맞이한다
이름을 밝히자 내 책들을 잘 읽었다며 반색을 한다

'올해의 강여고상'을 수상한 온아(溫雅)한 인상의 의장은
동굴 안에서 철제 봉 잡아 얼음장 같은 내 손을
섬섬옥수로 덥석 잡고 왼손 오른손 번갈아 가며
호호 불며 녹여 준다. 아무리 정치인의 손길이라지만
객지 삶에 지친 마음속 응어리까지 풀어진다.

둘러선 회원들의 부러움 반, 시새움 반
가득한 눈총이 내 뒷잔등을 간질인다

내 시집의 미풍이 이곳 고향 땅까지 불었을 줄이야….

김기덕 후배님

정의승

늘 겉으로는 평범하게 살지만 내면의 세계에서는 깊은 내공을 쌓으며 비범한 삶을 살아가시는 김 후배님은 언뜻 보면 사귐의 대상이지만 그 문지방을 넘어서서 어차피 존경의 대상인데, 이렇게 귀한 문집까지 내셔서 또다시 "과연 김 박사님이로구나……" 라는 생각이 더 큰 자리 매김을 하게 됩니다.

글을 쓰는 중에서도 특히 생각을 정제하고 붙은 살을 빼고 한겨울의 앙상한 나무처럼 지극히 말을 아끼며 숨겨둔 마음의 속내를 드러내는 시를 쓰는 일은 거의 신앙이라 할 만한 시심(詩心) 없이는 할 수 없는 일인데, 김 후배님이 그런 시심을 가지고 살아오면서 그 마음으로 세상사를 보아 온 옆모습을 보면서 참 부러운 마음이 듭니다.

아직 들어가는 글과 제목만 살폈지만, 김 후배님은 참 복 많은 분입니다. 하나님께서 주시는 것이 대개 공평하신데, 김 후배님께는 왜 그렇게도 좋은 것을 많이 주셨을까 하는 생각을 하게 됩니다.

연세가 많아서 글 쓰는 일을 마무리 하였다 생각하지 마시고, 시작하셨다는 마음으로 장차 쓰시는 글의 깊이와 넓이를 더해 가시게 되기 바랍니다. 그리고 그 일이 노락(老樂)이 되셔서 살아가시며 그 일을 즐기시게 되기를 바랍니다.

귀한 책을 보내 주셔서 정말로 감사드리고, 다음 좋은 기회에 달리 책값을 치룰 기회도 주시기 바랍니다.

거듭 감사드립니다.

–정의승 : 고향 선배님, (재)한국해양전략연구소 이사장.

쌍둥이 출산 축하드립니다.

안 영

엊그제 마리아 수녀님과 만나 좋은 시간 갖고
회장님 신간 두 권을 전달 받았습니다.

주변에서 늦둥이를 둔 분들이 아주 기뻐하는 모습을 봅니다.
회장님께선 늦둥이를, 그것도 쌍둥이를 생산해 내셨으니
그 기쁨이 오죽할까, 짐작이 갑니다.
덩달아 저도 많이 기쁘구요.

진심으로 축하, 축하 드립니다.

산문집을 펴 들고 한 장 한 장 읽다가 어린 시절부터 일기를 쓰시고,
그걸 잘 간직하신 일에 감탄했습니다.
글 쓰는 사람에겐 기록처럼 소중한 일이 없지요.

아, 그리고 〈누나, 수녀되다〉를 읽다가
"홍윤숙, 박완서, 최인호, 안 영 같은……"
구절에 머물러 깜짝 놀라고, 바로 이 글을 씁니다.

과분하게도 그분들과 나란히 제 이름을 적어 주시다니요.

항상 느끼지만 마리아 수녀님께서는 유독 기품이 있으시고
넓은 아량으로 많은 사람을 배려하시고 분별력이 좋으십니다.
이 모두가 좋은 가정 환경에서 성장하신 덕분이 아닌가 합니다.

기록이 남아 있었기에 모든 글에 쓴 날짜가 적혀서 참 좋습니다.
독자로서는 언제 때 이야긴가, 궁금할 수밖에 없거든요.

책 좋아하는 사람들에겐 독서보다 더 좋은 피서가 없는데
회장님 산문집으로 즐거운 여름을 나겠습니다.

다시 한번 쌍둥이 출산에 축하드립니다.
건강하시고, 행복하십시오.

안 영 드림

–소설가, 전 소나기문학관(황순원 문학관) 촌장.

김 선생님 글을 읽은 소회

정용근

며칠 전 보내주신 책을 잘 받았습니다. 아주 오래 전 만남이었는데 저를 잊지 않으시고 귀중한 책을 보내 주셔서 참으로 감사합니다.

지난 이틀 동안 제가 보고 있던 몇 가지 책을 덮어 두고 보내주신 책을 읽었습니다. 그리고 오랜 만에 마음의 눈물을 많이 흘렸습니다.

김 선생님의 글들이 심오하고 아주 잘 세련된 전문 문학인의 글이어서가 아닙니다. 시도 산문도 모든 글들이 한 치의 과장이나 세련된 수식이 없이 너무나 소박하고 진솔하며 이른 봄 갓 피어난 목련꽃처럼 담백하고 사랑이 흠뻑 젖어 있기 때문이라 생각합니다.

글을 읽는 동안 웬일인지 자꾸만 저의 어린 시절, 사춘기 시절, 서울에서 고학하던 시절, 그리고 그 이후의 시절들이 한꺼번에 되살아나는 경험을 했습니다.

날마다 두타산을 바라보며 아름다운 꿈을 키워 가신 모습, 어머님에 대한 깊은 사랑과 사모함이 깊게 묻어나는 시, 나이 들어가며 험난한 세상 속에서도 아름답고 순수한 마음을 지키며 살아오신 모습들이 모두 감동을 주었습니다. 거친 건설업 분야에서 일하시고 늦은 나이에 직장일과 학업을 병행 하시느라고 힘든 시간을 보내면서도 순수하고 따뜻한 마음을 지켜 가신 선생님의 모습에 감동하였습니다. 이런 모습들이 선생님의 글들에서 그대로 나타나 있습니다.

제가 1940년생이니 저와 비슷한 시기를 살아오셨고, 김 선생님의 모친께서도 저의 어머님과 비슷한 시기(1905년~1994년)를 살아 오셨더군요. 저는 전라도 노령산맥의 주봉인 모악산(853미터) 밑에서 태어나 항상 모악산을 바라보며 꿈을 꾸었습니다. 선생님의 두타산 글을 읽으며 3년 전 두타산. 무릉계곡. 삼화사를 돌아보았던 기억, 1967년부터 1년간 육군본부 BOQ(장교숙소)에서 홍익대 채규학 교수와 같은 방에서 살았는데 그래서 가끔 중앙경리단에 들렀던 기억 등도 새롭게 살아났습니다. 선생님의 시를 읽으면서 이상하게도 제가 고등학교 1학년 시절에 김소월 시집을 들고 산으로 들로 돌아다니며 눈물을 줄줄 흘렸던 기억들이 되 살아났습니다.

책을 보내주신 데 대해 다시 한 번 감사드립니다. 그리고 고난과

굴곡이 계속된 이 나라 세속의 한 복판에서 지난 70여 년을 살면서도 어린아이 같은 순수한 마음과 고결한 정신을 지켜오며 살아 오셨고, 지금도 살고 계신 선생님의 모습에 존경과 찬사를 드립니다. 정약용의 글 중에 "몸은 세속에 살지만 출가한 사람처럼 산다(居世似出家)"란 말이 있습니다. 이 말이 선생님께 아주 어울린다고 생각됩니다.

두서없는 제 글을 용서하시기 빕니다.

–정용근 : 동국대학교 경영대학 명예교수.

梨園 김기덕 시인께

임동일

엊그제 꿈에
한 귀인이 따듯한 두 손으로
내 손을 꼬옥 잡아주시더니
이 두 권의 책을 받으려고 그랬나 보다

잘 된 글을 물 흐르듯이 쓴 글이라 하더이다만
梨園의 글을 두고 하는 말이련가
휘몰아 감도는 세찬 물도 아니오
고여 있는 연못물은 더욱 아닌 것이
한 옴큼 쥐어 마시고
발 담그고 쉬어가고 싶은
졸졸졸 흐르는 깊은 산 계곡 물이어라

임동일 배

–전 동부건설 부회장.

『한여름 밤의 연가』를 읽고…

최승희

경애하는 김 박사,

지난 한 주일 동안 손수 써 보내주신 이원(梨園) 김기덕의 산문집 『한여름 밤의 연가』 덕분에 김 박사 라는 인간의 향기에 푹 빠져 있었소이다. 내가 김 박사 라고 부르는 것은 기업인으로서 '김 회장' 보다는 한사람의 기업인의 시각으로서 감히 비견할 수 없는 폭넓은 탐구심과 깊은 식견을 보았기 때문이오.

어느 것 하나가 더 좋다고 고를 수 없을 만큼 산문집 각 장의 글들이 각각 색다른 향기와 빛이 있는 글이었소. 예리한 관찰, 깊은 사유, 폭넓은 지식과 용출하는 감성들이 김 박사의 삶의 깊이에서 뿜어 나오는 진한 맛과 향기를 느끼게 해 주었소.

김 박사가 글로 보여준 생활과 사고의 다양성과 희망에 대한 탐구, 실천력은 많은 후학과 젊은이들에게 인생의 지침을 제시해 줄 수 있다고 생각되오.

김 박사의 글을 읽다보니, 너무 생각 없이(?) 살아온 자신이 부끄럽고, 내가 살아온 역정을 되돌아보게 해 주었소. 세상이 어렵던 청소년기에서부터 왕성한 의욕으로 일해 온 중년을 거쳐 이제 노년에 이르기까지 살아온 모습을 담담히 정리하여 사랑하는 손주들에게 남겨주시니, 김 박사는 멋지고 행복한 사람이오!!

우리가 어렸을 때 붓글씨로 생경한 한시를 써 책으로 엮어내시던 할아버지의 문집보다 더 훌륭합니다.

김 박사 같은 좋은 벗을 둔 것은, 주님께서 내게 분에 넘치게 베풀어 주신 은혜가 아닐까하고 생각되오. 김 박사의 산문집을 다 읽고 난 후에 받은 감동과 울림을 어찌 할 수 없어 졸문의 독후감을 보냅니다.

좋은 글, 잘 보았소. 감사합니다.

–봉산(蓬山) 최승희: 고교 동기, 서울법대 졸.

『종이배의 행로』를 읽고…

최승희

김 박사,

보내주신 시집은 정독을 해야 느낌이 다가온다고 생각되어 진도가 좀 느렸으며, 한 마디로 시인의 맑은 심성에서 우러나온 시어들이 톡톡 튀어 오르는 물방울 같은 느낌을 받았소.

여러 시들 중에서 제1부의 〈그리움〉 〈어머님〉 〈향수〉 같은 시골 정서가 더 크게 공감이 가는 건 나이 탓이겠지요. 아름다운 시어를 마음의 바닥에서 끌어 올리고, 글자 하나 단어 하나씩 미묘하게 다듬어 나갔을 노력을 생각하면, 그저 대단하고 감탄스러울 뿐이네요!! 보통사람이라면 머리에 쥐가 나 끝까지 해내기 어려웠을 거라고 생각되기도 하구요.

여러 시어들 속에 녹아 있는 김 박사의 따뜻한 마음으로, 이 불편하게 사는 친구를 표내지 아니하고 늘 배려해주어 고마우이.
김 박사의 시에 대한 열정과 그 맑고 예리한 감성을 백세까지 유지하여 더욱 건필 하시길 바라면서, 시집 고마웠어요.

—봉산(蓬山) 최승희 : 고교 동기, 전 샤니케익(주) 사장.

등하불명!

한창수

등하불명, 등하불명!
나의 지근에 이렇게 멋있고 소박하고 다정다감하고 유능하고 예리하고 용감하기도 한, 일언하여 매우 놀랄 만한 문인 시인이 있었다는 것을 모르고 있었다니, 나의 아둔함과 무관심하였음에 부끄럽기도 하고 탄식이 나오기도 한다.

『종이배의 행로』를 먼저 펼쳤다. 〈봄이 오는 소리〉까지 읽었을 때, 아내가 소감을 묻는다. 중언부언하기보다 아예 시집을 내주었다. 한두 장 읽고 돌려주려니 했는데 계속 책장을 넘긴다.

할 수 없이 『한여름 밤의 연가』를 폈다. 소설책 읽듯 속독하지 말고 찬찬히 읽으며 공감의 숲으로 들어가 보자 하였으나, 나도 모르게 빨려 들어가 반나절 만에 완독하고 말았다. 저자 이원의 표현대로 수필은 입속으로 씹고 또 씹으면서 수필의 참맛을 마음속 깊이 맛보면서 읽어야 할 터인데 말이다.

산문집의 〈이 세상에서 잠자는 게 제일 싫어요〉 편에서 저자는 미국에서 웨스트포인트 미 육군사관학교를 우리 내외랑 함께 관광했다. 문맥의 흐름상 '한 장로 부부와 함께'라는 문구는 생략하여도 무관할 터인데 굳이 삽입한 것은 이원의 자상하고 세심한 배려일 것이다.

시나 수필 모두 문외한인 내가 독후감이란 이름의 글쓰기도 지난한 일이다.

비록 자란 환경과 출신 지역은 다르지만 동 시대를 살아오고 또 같은 기업에서 오랜 세월 동고동락한 입장에서 공감하는 영역이 꽤 넓고 많다. 놀랍다, 존경한다, 훌륭한 문인이다. 이원은 정말로 다재다능하다. 도대체 못하는 것이 별로 없다. 모든 구기운동, 공인회계사, 경영학 박사, 대학 교수, 시인 · 수필가, 대기업의 CEO, 카톨릭 신자, Humanist, 정확한 사람, 성실한 사람…, 다 열거할 수 없다. 단 한 가지 부족한 것이 있다. 술이 약하다.

입추는 지났지만 아직은 가을의 소리가 멀리 들린다. 가을은 등화가친의 계절이라 속독으로 끝낸 이원의 시집과 산문집을 이 가을에 곱씹어 봄으로 해서 태평양을 건너 보내온 이원의 호의와 배려에 보답하고자 한다.

가을의 향취는 아직 이르지만 그렇게 무덥던 더위가 어느덧 금풍이 소슬하니, 세월의 흐름과 인생의 빠름이 실로 비할 바 없다.

환절기에 건강 유념하시고, 늘 주님의 평강이 함께 하시기를 기도드리면서

샬롬! 인사 올린다.

–한창수 장로 : 동부건설 사우디아라비아 현장 동료, 미국 뉴저지 거주.

김 선배님! 존경합니다. 사랑합니다.

김시만

선배님의 『한여름 밤의 연가』와 『종비의 행로』를 읽고, 진심으로 고맙고 감사한 말씀 드려야 되겠다는 생각을 하였으나, 워낙 글재주가 없는 저로서는 무슨 말을 어떻게 감사해야 할지 몰라 며칠을 보냈습니다. 그래도 고마운 마음을 어떻게라도 전해드려야 하겠기에 뒤늦게 용기를 내었습니다.

『한여름 밤의 연가』부터 먼저 읽었습니다. 우선 책 제목부터 모든 사람의 아련한 옛 추억을 회상하게 하는 마력을 지니고 있고, 표지의 그림마저 우리 동해 사람들의 추억이 깃든 곳이기에 더할 나위 없는 정겨움을 느끼면서 선배님의 정신세계로 몰입하였습니다.

〈학원일기〉로 시작되는 글은 삽입된 사진과 함께 자연스레 어린 시절로 되돌아가게 하였습니다. 제1부를 읽으면서 학창시절에 선배님과의 교류가 있었더라면 저의 인생이 크게 바뀌었을 것이라고 생각해 보았습니다. 저는 워낙 사교성이 없어 지금도 다른 사람과 잘 사귀지를 못하는데 하물며 어린 학창 시절에야……

제1부를 읽는 동안 선배님과 같은 시기에 같은 학창 시절을 보냈

기에 더욱 공감하는 부분들이 많아서 저도 그 시절의 많은 추억들을 회상해 보았습니다. 제2부는 선배님의 왕성했던 청년시절 열사의 나라에서 정열을 불태우신 일들을 비롯한 많은 일화들은 제게 큰 감동을 주었습니다. 제2부의 삽화 '홍해의 노을'은 제1부의 삽화 '촛대바위'와 대조를 이루고 있는데, 아무래도 '촛대바위'가 훨씬 아름답게 보이는 것은 고향 바다이기 때문이겠거니 생각해 보았습니다.

제3부는 선배님께서 홍익대 교수로 재직하실 때의 여러 일화들을 생동감 있게 소개해 주셨는데, 선배님께서 얼마나 많은 보람을 느끼셨을 것이라는 점은 짐작이 가고도 남습니다. 저도 아주 뒤늦게 환갑이 되어 내가 하고 싶어 하던 분야의 공부를 시작하여, 젊은 학생들과 함께 공부를 하면서 만약 내가 다시 태어난다면 교수가 되겠다는 생각을 여러 번 해보았기 때문입니다. 제3부의 삽화 '책 읽은 여인'이 너무 좋아서 보고 또 보곤 하였습니다.

제4부는 선배님의 완숙한 인생 후반의 내면세계를 진솔하게 그려내셨습니다. 제4부 삽화 '생가노송'은 어디에서나 쉽게 볼 수 있는

흔한 소나무 이지만, 이 노송이 담고 있는 깊은 내력과 뜻은 그 어느 귀목(貴木)보다 보배로운 것 같습니다. 마지막 '생가노송'을 읽으면서 저도 모르게 어머님 생각에 눈물이 나서 읽다가 멈추고 또 읽곤 하였습니다.

선배님의 『한여름 밤의 연가』 정말 감동적이었습니다. 제가 수필평론가도 아니고 지금까지 수필 한 편 써보지 못한 주제입니다만, 선배님의 글은 참으로 소박하고 진솔하며, 맑고 청량하며 잡티하나 섞이지 않는 순수함을 느꼈습니다. 선배님이 소개하신 《수필문학》의 요점을 그대로 다 갖춘 것 같습니다. 이런 고귀한 책을 제게 선물하신 것 정말 감사드리고, 고이고이 가보로 간직하겠습니다.

『종이배의 행로』를 나중에 읽었습니다. 그 이유는 시는 다른 사람이 이해하기 어려운 은유법을 많이 사용하기 때문에 천천히 두고두고 생각하면서 읽어야 한다는 선입견 때문이었습니다. 그러나 저의 이런 선입견은 그야말로 편견임을 선배님이 일깨워 주셨습니다. 화려한 시어들은 금기인 양 배제하고 이렇게 담담하게 써서 남의 마음을 사로잡을 수 있는지요? 아마도 선배님의 아름다운 영혼을 담아냈기 때문이겠지요. 이인평 시인께서 훌륭한 평을 하셨더군요. 제가 감히 무슨 말을 할 수 있겠습니까만, 저는 감히 '선배님의 시는 이인평 님이 평하신 것보다 더 훌륭한 시를 쓰신 분이다'라고 말씀드립니다.

이 두 권의 책을 읽고 선배님과 하루 종일 이런 저런 귀한 이야기 전해 들을 수 있다면, 깊은 산속을 헤매다가 맑은 석간수를 만나 해갈하는 것과 같은 기분을 맛볼 것 같습니다. 모임에 참석한다 해도 잠시 뵙고 이내 헤어지고 마는 모임이다 보니, 귀중한 보물을 받고도 감사하다는 인사말 제대로 못하고 말았습니다. 이 무더운 날씨에 선배님의 선물로 인해 더위를 잊을 수 있었습니다. 끝으로 한 말씀 드립니다.

선배님은 '뒷들'에 우뚝 서 있는 '두타산'이십니다. 후배들이 그 정기 오래오래 이어받아 면면히 이어가기를 바라고 또 그렇게 될 것이라 믿어 의심하지 않습니다.

선배님! 존경합니다. 그리고 사랑합니다!

김시만 올림

–고향 후배, 전 인천지방검찰청 서기관.

놀라운 김 선배님

홍 종 민

우리 같은 '보통의 후배'들을 부끄럽게 하는 '놀라운 선배님'이십니다!

고등학교 동문에다가 상과대학, 회계사, 교수, 건설회사 등의 주요 경력, 그리고 시골티 나는 수수한 이미지의 겉모습으로만 보아서는 그냥 대부분의 사람과 같이 보통의 삶을 살아가고 계실 거라 생각했는데, 보내주신 책을 읽어보니 그냥 놀라울 따름입니다.

시집을 읽으면서 선배님의 부모님과 가족과 주변 사람들 그리고 자연에 대한 깊은 사랑과 순수함에 저도 잠깐 감히 시인이 된 듯한 착각에 빠지기도 하였습니다.

게다가 산문집을 펼쳤을 때는 저도 몰래 과거의 추억에 젖어들면서 잠시 철학을 생각하게도 합니다. 지금도 잊혀지지 않는 한경섭 선배님 이야기, 『한여름 밤의 연가』에서는 젊었을 때 누구나 겪어보는 가슴 설레이던 아련한 순수한 사랑이야기, 〈생가 노송〉에서는 지금 당장이라도 모든 것 다 뿌리치고 시골 어머니 산소에 달려가고 싶은 강한 충동을 느끼게 하고, 피천득 교수의 "나이 들수록 잊혀지는 걸 두려워 말라"는 구절에서는 깊은 삶의 철학을 느끼게 합니다.

선비 집안의 DNA를 받아 폭 넓은 학구열, 회계사 기질을 바탕으로 세심한 자료 정리, 대기업 임원으로서의 세계적인 안목 등이 김 선배님의 인생에 대한 순수와 사랑의 철학과 만나 이 두 권의 귀중한 작품이 만들어졌다는 생각이 듭니다.

시인이면서 철학자인 김 선배님의 노고에 경의를 표합니다.

작년엔 병원 신세까지 지셨다는데 이젠 너무 무리하지 마시고 건강관리 잘 하시길 빕니다.

–홍종민 : 고교 후배, 신성엔지니어링 부회장.

시인 이원(梨園)님 전상서

김현남

유난히 기운차던 여름 더위가 한풀 꺾일 즈음, 회장님으로부터 두 권의 책을 선물 받았습니다. 실은 두 권의 책이라는 숫자적 표현보다는 회장님의 일생을 선물 받았다고 해야 할 듯합니다.
한 장 한 장 읽어가는 것이 제게는 너무도 열심히 세상을 살아온 어느 원로분의 삶을 배우는 것이었습니다. 해서 후다닥 읽고 덮어버리기에는 아쉬움이 깊어, 매일 저녁 조금씩 아끼며 생각하며 읽었습니다.

〈사모곡〉을 읽으면서 저 자신을 돌아보며 반성을 하고, 〈교실 풍경〉을 읽으며 경험하지 못한 시절의 교실을 상상하며 웃음지어 보고, 〈한여름 밤의 꿈〉은 누구나 한번쯤 갖고 있을 첫사랑이지만, 멋진 글로 고이고이 예쁘게 오랜 세월 간직하고 계신 어느 분의 낭만을 볼 수 있었습니다.
저 또한 〈울지 마 톤즈〉를 읽었지만, 책장을 덮으면 흐느끼던 감동도 거기서 덮여져 버렸는데, 이렇게 한 줄 한 줄 글로 감동을 적어내신 것을 보며 내심 얼마나 부러웠던지요!
저도 한번 따라 해보고자 하였으나 참 쉽지 않습니다. 주변의 일상이, 주위의 사람들이 회장님껜 모두 시와 글 속의 멋진 주인공이 되다니… 참 멋있는 일입니다.

치열했던 젊은 날에, 각박할 수 있었을 산업의 중심에 계셨던 분이 세상을 아름답게 바라보며 수필로, 시로 하루하루 차곡차곡 쌓아 오신 그런 분을, 제가 알고 있음이 참 행운입니다.

늘 건강하시고, 2집도 기대합니다.

김현남 드림

–동부화재(주) FP.

김 선배님, 사랑합니다.

최 송 길

산문집: 『한여름 밤의 연가』

감동입니다. 정독하려다 재미있어 어제 오늘 완독했습니다.
"사랑합니다"로 압축~ 저의 독후감입니다.
선배님은 천 · 지 · 인을 평생 치열하게 천착하며, 사람 사랑을 뜨겁게 실천하신 작가님이십니다. 부럽습니다.
저부터 많은 사람들의 사랑을 받으려고만 대드는 제 모습이 부끄럽습니다.

시집: 『종이배의 행로』

시집을 단숨에 독파하긴 처음입니다.
운문이 산문보다 한 수 위임을 느낍니다.
시평도 공감입니다.

최송길 드림

-고교 후배, 한성대 명예교수.

『종이배의 행로』, 『한여름 밤의 연가』와의 만남 그 후…

주 종 숙

어머님에 대한 애틋한 그리움과 마음의 근원인 고향을 품어 한결같은 사랑으로 풀어 낸 『종이배의 행로』는 단숨에 내 마음에도 그 여운을 담기에 충분히 아름답고 따뜻한 정이 가득하다.

『한여름 밤의 연가』를 통해 자신을 사랑함에 지극한 정성과 최선을 다하는 작가의 순박한 열정을 마주함은 낯설지 않은 내가 익히 알고 있는 작가의 정직한 모습 그대로이다.

생명의 근원인 고향과 어머님에 대한 본능적인 사랑의 시작은 작가의 인생 여정에 그대로 담겨 더 많은 사랑의 열매들로 탄생됨은 당연하다. 그러한 가족, 이웃애의 언어들은 독자를 공감케 하는 충분한 매력이 있다.

지조 있는 선비의 절개와 같은 순수한 사랑에 대한 작가의 열정에 어쩐지 숙연함마저 든다. 잠시 눈감고 생각 지으니 고개 숙인 탐스런 벼이삭들로 가득한 이즈음의 황금들녘 풍경이 작가의 자식과도 같은 두 권의 작품집과 어우러지며 흐뭇한 미소를 머금게 된다. 감히…

두 권의 아름다운 선물 덕분에 작가를 알아온 지난 이십여 년의 시간들과 더불어 새삼 나를 돌아보는 작은 일렁임도 함께 할 수 있었음에 감사의 마음을 전하며, 부족한 후기를 마침 한다.

–주종숙 : 조카며느리.

회장님, 피천득의 수필『인연』이 떠오릅니다

허성구

회장님의 삶이 스며있는 산문집, 시집
좋은 글
잘 읽었습니다.

산호(珊糊)와 진주(眞珠)라고 하기에
모자람이 없는 것 같습니다.

금아(琴兒) 피천득님의 그 유명한 수필집 〈인연〉의
마지막 구절은 이렇게 끝이 났죠.

「,,,,,,,
하늘에 별을 쳐다볼 때 내세가 있었으면 해보기도 한다.
신기한 것, 아름다운 것을 볼 때 살아 있다는 사실을 다행으로 생각해 본다.
그리고 훗날 내 글을 읽는 사람이 있어
"사랑을 하고 갔구나" 하고 한숨지어 주기를 바라기도 한다.
나는 참 염치없는 사람이다.」

이원(梨園)님의 수필집『한여름 밤의 연가』의

마지막 구절 〈영원한 고향〉이
더 푸르게 가슴에 다가옵니다.

회장님
늦더위에
건강하게 지내시기 바랍니다.

-허성구 : 전 동부건설 토목부장.

『한여름 밤의 연가』를 읽고 회장님을 다시 보다

이봉규

산문집 『한여름 밤의 연가』를 맛있게 읽었다.

반쯤 읽다 남은 부분을 여름휴가를 맞아 저 멀리 남도행 버스에서 다 읽었으니, 나도 나름 미식을 찾는 사람이고 보면 이 책의 독서가 여행 중의 미식에 비유 할 만하기 때문이다.

이 책은 학창 시절부터 삶의 흔적을 기록으로 남기기를 좋아하는 저자의 습관의 결과로서 일종의 자전적 에세이집이다. 저자의 말대로 인생을 사계절에 비유했을 때, 인생의 봄, 여름, 가을 그리고 겨울의 초입에 이르기까지의 치열하고 열정적으로 살아온 한 인생의 여정을 가을걷이하듯 알차게 수확한 알곡들이다.

기간 상으로는 1958년 1월부터 가장 최근의 2014년 5월까지 57년의 일기나 서간, 산문노트를 다듬어서 산문집으로 출간한 건데, 실제 날짜에 근거하여 기록되어 있는 점이 다른 산문집과는 차별성이 있다 하겠고, 글 쓴 당시의 동시대적 배경이나 생활상을 이해하는데도 도움이 되기도 한다. 또한 공간적인 면에서는 국내는 물론 해외 각지의 출장이나 여행기까지 포함되어 있어 동서지역의 별미까지 느껴볼 수 있다.

교수 경력이 있는 분이지만 글이 현학적이거나 막연하지 않으며 경험을 바탕 삼아 구체적이고 현실적으로 표현되어 있다. 4부 전체 60꼭지로 구성된 글의 소재는 학창 시절의 사랑 이야기부터 고향의 산천과 출향 인사 이야기, 각급 학교 친구들과 은사 이야기, 그리고 면면한 김씨 가계의 일원으로서 본인의 역할과 가족 이야기, 교수 시절 이야기까지 살아가면서 경험하는 보통의 소재가 아무런 기교나 가식 없이 전개됨으로써 누구나 편안하게 읽을 수 있다.

소재는 보통일망정 저자는 사실 보통사람은 아니다. 영동지역의 우수 고교와 우리나라 최고 명문대를 나와서 공인회계사와 경영학 박사 학위를 취득하였으며, 전문경영인으로서 대기업의 회장, 최대 회계법인의 고문, 대학 교수, 정식으로 등단한 문인일 뿐만 아니라 훤칠한 키에 각종 구기 운동까지 다 잘하는 엘리트 출신이기 때문이다. 그러다 보니 생애 중 상당 부분을 '잘난 맛에 사는 사람'으로 질투(?) 어린 평판까지 들어온 분인데, 삶을 깊이 있게 관찰해온 원숙한 경륜가의 인생 이야기가 생애 처음으로 이 한 권의 책에 오롯이 담겨 있으므로 새까만 인생 후배에게는 이 책이 크나큰 선물이 아닐 수 없는 것이다.

글은 종반에 가까워 올수록 흐르는 세월과 향수에 관한 이야기들이 자주 등장하는데 내 감상으로는 저자가 이 책의 마지막 부분에

다 화룡점정을 해 놓은 것으로 보인다. 저자 본인의 묘비명을 미리 준비해 둔 글인데, 짧고 강렬하며 아름다운 울림이 있어 그대로 옮기면서 글을 마무리 한다.

영원한 고향

긴 여로 끝에
영원으로 가는 길목

어머니 품으로 돌아와
초록산 하이얀 달그림자
홑이불 삼아
깊고 고요한
푸른 잠을 자렵니다.

–이봉규: 전 동부건설 건축담당 상무.

김기덕 시인의 시집과 산문집을 읽은 감회

김리나

『종이배의 행로』라는 시집이 오며 가며 잠깐씩 눈에 들어 왔었고, 잔상이 머릿속에 남았는지 문득 참 적절한 제목이라는 생각이 떠올랐다. 이 세상에 태어나 살며 죽을 때까지의 여정은 거대한 바다에 표류하는 작은 종이배의 행로만큼이나 때로는 무모하고 때로는 위태로운 것이 아닐까?

『종이배의 행로』에 담긴 시들과 『한여름 밤의 연가』의 수필들에서 종이배가 무엇을 동력으로, 그리고 무엇을 이정표 삼아 앞으로 나아갈 수 있었을까 하는 의문에 대해 김기덕 시인은 정감 있는 글로 답한다.

필자는 〈생가 노송〉이라는 수필에서 이 동력의 원천을 찾을 수 있다고 생각한다.

"나의 생가는 두타산에서 발원하여 동해로 흐르는 전천 제방 아래, 일정시대에 지은 빨간 양철지붕 집이다…. 지금은 돌아가시고 안 계시지만 이 노송을 대할 때면 어머니 생각이 떠오르곤 한다. 6 · 25 동란 중 땔감이 아주 귀한 시절, 아버지께서는 급한 대로 몇 번이고 마지막 남은 이 소나무마저 땔감으로 베어 쓰려고 하셨으나, 그럴 때마다 어머니께서는 아버지를 만류하시면서 소나무를 지켜주셨다."

고향과 어머니를 상징하는 듯한 노송은 시인에게 삶의 뿌리와 연속성, 그리고 그 일부인 본인의 자리에 대한 깊은 믿음을 갖게 하지 않았을까 추측해 본다. 또한 그의 어머니는 이러한 믿음과 가치를 자식들에게 물려주기 위해 그 소나무를 끝까지 지켜내신 것이 아닌가 생각 해 본다.

"내 어릴 적 부뚜막에다 고사떡을 차려 놓고 삼신할머니에게 자식들 잘 되게 해 달라고 두 손 비벼가며 고사를 지내시던 어머니의 그 경건하고도 엄숙한 모습은 지금까지도 내 마음속에 선명한 영상으로 뚜렷이 새겨져 있다."

이러한 어머니의 선명한 영상이 시인의 삶을 이끈 또 하나의 동력으로 보인다. 어머니의 고생을 덜어드리고 기쁘게 해드리려 어린 초등학생 시인은 열심히 반공 연설문을 외웠다.

"어느 날 향토기업이 주최한 읍내 초등학교 대항 '반공'주제 웅변대회에서 내가 일등을 차지했다…. 그 상품으로 쌀 한 가마니를 받아 집으로 가져왔을 때, 어머니와 내가 느꼈던 그 기쁨과 그 효도에서 오는 뿌듯했던 마음은 지금 생각해도 아무리 큰 저울로도 달아 낼 수 없는 감동 그 자체였다."

여기에서 얻은 성취감과 기쁨이 학창 시절뿐만 아니라 훗날 사회인이 되어서도 공부에 대한 열정을 간직하게 되어 대학 교수까지 되는 원천이지 않았을까 생각한다.

어머니에 대한 깊은 효심과 사랑은 글 곳곳에서 찾아 볼 수 있다.

"동네 제삿날 생일날 모두 외워
총기 좋기로 온 마을에 이름 날리시고
여름철 어머니가 해 주신 천렵국 추억의 맛은
지금도 세상 온갖 산해진미 맛을 무색케 한다."

–시 〈사모곡〉 中.

어머니께서 등장하시지 않는 글과 시에서도 시인의 감성과 행로에서 어머니의 사랑이 바탕에 있는 것을 느낄 수 있다.
한 예로 IMF 후 추운 겨울 행상하는 여제자를 바라보는 따뜻한 시선에서도 찾아볼 수 있다.

“지난해 필설로 다 할 수 없는 IMF 환란을 겪고 난 후에도, 어김없이 새해가 밝아 왔다…. 오늘 오후에는 사외이사로 있는 외환은행 이사회에 참석한 후 명동 한복판 상업은행 지점 앞을 지나다가, 내가 출강하는 모 대학 야간부의 정 양이 서 있기에 반갑게 새해 덕담을 나눈 후, 그 학생에게 여기에서 누구를 기다리느냐고 물어본 즉, 바로 옆자리 좌판에 놓여 있는 반지, 목걸이 등 액세서리 물건들을 가리키며 이 물건들을 팔고 있다는 것이다….
그러한 정 양이 살을 에는 소한 추위 속에 새해 벽두부터 길거리에서 행상하는 광경을 목격하고 나니, 선생인 나로서는 갑자기 찡하고 안쓰러운 마음이 가슴을 파고들었다…”

–수필 〈행상하는 여제자> 中.

딸을 시집 보내면서 서운한 마음을 표현한 글에서도 느낄 수 있다.

“마침 오늘 우리 부부랑 혼수 준비를 함께 하기에 이르렀다. 쇼핑을 끝내고 집에 돌아올 때 수혜는 언제나처럼 우리 차에 함께 타려니 하는 부모의 잠재의식을 지워버리기라도 하듯, 너무나 자연스럽게 자기 신랑감 차에 올라탔다. 저녁 시간 창밖으로는 겨울비가 추적추적 내리는 가운데 차를 몰고 오면서 이 차에 응당 타고 있어야 할 수혜가 보이지 않자 이제는 정말 수혜가 내 품을 떠나는구나 하는 현실에, 불현듯 말로 표현 할 수 없는 감정이 폭발하여 눈물이 나오기 시작하는데, 아내의 핀잔에도 아랑곳 않고 하염없이 계속 흘러내리기만 했다."

–수필 〈딸의 의미〉 中.

시인의 글들이 특히 인상적인 것은 이와 같이 쉽게 잊힐 수도 있는 소소한 일상의 순간들을 포착하여 구현하는 탁월함이다.

어려웠던 시대를 함께 살아 낸 가족의 일상을 보여주는 〈홑겹 무명수건〉에서도 과거가 마치 손에 잡힐 듯 하다.

"조각달만 한 홑겹 무명수건 달랑 하나
고리 만들어 기둥 못에 걸어 두고
한 사람씩 세수하고 얼굴 닦을 때 마다
금세 물이 흥건히 젖는다."

–시 〈홑겹 무명수건〉 中.

어느 덧, 시인은 생가 노송처럼 든든한 버팀목이 되어 귀여운 강아지들을 거느리고 있다.

"둘째 강아지 준호도 초등학생
 첫 돌 지나 아범 따라 외국 나들이로
 제 자리매김 못하더니, 이제는
 영어도 척척 우리말도 척척 막힘이 없고
 할애비와 약속한 1달러 벌려고
 끈기 있게 전화 거는 재태크 전문가

—시 〈우리집 강아지들〉 中.

처음 『한여름 밤의 연가』를 펼치고 읽은 글 때문에 폭소를 터뜨렸었다.

"초등학교 때는 누구나 숙제로 일기를 썼을 테지만, 6.25 전쟁 중에 남아 있을 리 없고, 중학교 때는 3년 내내 꼬박꼬박 일기를 썼으나 종이가 귀한 시절이라 군대생활 중 휴가를 와서 보니 그 일기장 모두 화장실 휴지로 써 버린 것을 알게 되었다…. 지나온 내 삶의 시(時) 공간에서 볼 때 중학 시절 3년이 빈칸으로 남게 되어 일기장 생각을 하면 지금도 아쉽기 그지없다."

—수필 〈학원일기〉 中.

그런데, 책을 덮을 즈음에는 화장실 휴지로 없어진 시인의 기록들에 대한 강한 아쉬움이 남았다. 그만큼 인상적이고 감동적이었다.

—김리나 국제변호사 : 대학친구 김창부 자제분, 러시아 문학 전공.

백복령 산막에서 쓴 배골 이야기

정의언

구절초 차 향기 맡으며

밥상도 되고 책상도 되는 상 하나
얇은 이불 깔아 놓은 아랫목에 놓고
베개 하나 등에 받쳐 벽에 기대어
생각나는 대로 이야기 편하게 쓰렵니다.

산골에 들어와 혼자 살다 보니
친구가 되는 것은 책뿐인데
그 속에는 좋은 말들이 많이 있지만
읽고 나면 거의 다 잊어버려도
그래도 버릇처럼 펼쳐 듭니다.

어떤 차를 마실까 생각하다가
가을에 따서 세 번 쪄서 말려 둔
구절초 봉오리를 찻물에 띄우니
활짝 벙글며 가을 향기 그득히 안깁니다.

보내주신 시집과 산문집

고등학교 시절부터 시작한
객지 생활을 읽으면서
형님이 걸어온 발자취와
베풀어 주시는 큰 사랑을 보았습니다.

단실댁 큰 솔나무

동서로 42번 국도
남북으로 동해-강릉 연결하는 7번 국도
이도리 사거리 동쪽
살짝 들어앉은 아담한 양옥집
단실댁 마당가
소나무 한 그루

있어야 할 자리에 뿌리 내리고
100년을 지나온 세월 속에
톱으로 자를까 도끼로 찍을까
땔감 귀하던 시절 고비 고비 넘긴 것은
고사떡 차려놓고 아들 딸 잘 되라고
삼신할머니한테 빌던 단실댁
그 어머니 보살핌 덕분

폭설도 이겨 내고
바람도 이겨 내며
단실댁 지키는
단실댁 큰 솔나무.

단실댁 치주나무

우유가루 나눠주던 어느 해
책보자기 허리에 매고
하교하던 제방 길

단실댁 대나무 밭에
나지막한 치주나무*
호두 몇 개 슬쩍하여
주머니에 넣고

명당골로 내려오는
실개천을 건너서

돌로 찍고 손으로 까다가 보면
치줏물 손에 노랗게 배어
씻어도 씻어도 지지 않던 노오란 손.

* 치주나무 : 호두나무

형아는 좋았겠다

명당골 내려오는 실개천 건너
소털 같은 잔디가 펼쳐진
제방 둑에 올라서면
강변이 눈이 모자라게 펼쳐지고

두타 청옥 청정 옥수
전천으로 흘러내려
하얀 모래 바닥에
흰 배를 뒤척이며 은어 떼가 놀고

흰목도리 물떼새가
종종 걸음 치는 거기
그 곳은
어머니 품 같은 곳

고삐에 매인 염소가
잔디를 뜯고
건너지른 철다리 위로

서울 가는 기차를 바라보며
꿈을 마음껏 꾸었을 형님

반딧불이 춤추는 제방 둑
주먹 같은 별들이
눈부시던 그날 밤

동산재 머리 위로
은하수는 흐르고

평양에서 피난 나온
선이
고3 선이와
형아는 좋았겠다.

아~
좋았겠다 형아는
어느 해 여름 대학생일 때
형아는 좋았겠다.

–정의언 시인 : 내 고향 배골마을 후배 향토 시인.

동심(童心)과 항심(恒心)의 흥

김금분

겨울 가까이 찬비가 내리는 새벽입니다.

벌써 몇 번째 새로 읽는 시집『종이배의 행로』를 펼쳐듭니다.

어린 동심을 잃지 않고 그 순수성을 바탕으로 경이로운 시편들을 경작한 귀한 시집입니다.

마치 내 고향 일인 듯, 내 고향 사람들인 듯, 이 시집 속에서 하냥 그리움을 읽습니다.

맹탕으로 순박하던 시절을 덧칠 없이, 그러나 시적 완성도를 놓치지 않은 표현에도 매료되고 있습니다. 누구나 동심을 간직하고는 있겠으나 세월 속에 잊혀지기도 하고 변색되어 바래지기도 하지요. 기억 또한 천차만별이어서 하얗게 지워진 사건, 혹은 상처를 남긴 일들도 있기 마련입니다.

그런데 그 많은 질곡과 세월이 지나갔음에도 전혀 낡지 않은 화법으로 당시처럼 생생하게 재현해 내는 힘은 어디에서 나오는 것일까요. 또한 그 긍정의 즐거움은 어디서 비롯된 것일까요.

우선 시인의 삶이 정직하였다는 증거가 아닐까 합니다. 객관적 시선과 그 중심에 시인의 심상이 대면할 때 거짓은 아예 운도 떼지 못하는 진솔한 언어들이기에 깊은 감동을 주고 있습니다.

시가 그러한 것처럼 시인의 삶의 궤적도 눈에 선연합니다.

똑똑하고, 명민하고, 부지런하고, 따뜻하고, 낭만적이고, 선비적이며, 가정적인 한 인간의 기록이 고스란히 승화되어 있음을 느끼게 됩니다.

어릴 적 수건돌리기 놀이처럼 끊임없이 시가 나오고, 허세 부리지 않는 시어에 동화되어 저 또한 '즐거운 시 읽기'를 놀이처럼 계속합니다. 참으로 흥이 납니다.

북평장, 전천. 두타산. 무릉계곡. 동해바다는 시인의 오우(五友)입니다. 김기덕 시인을 키워준 고향 뒷들의 배경이 심상치 않습니다. 모두 선이 굵고 장엄하지요.

군더더기 없이 행간에 거느리는 담백한 문장의 출처가 바로 그곳이었습니다.

고산 윤선도의 '오우가'를 연상시키는 자연관과 북평장터 사람들의 풍경까지 아우르는 포용력을 보여줍니다. 상과를 전공했음에도 인문학에 조예가 깊은 면면이 결코 우연이 아닌 게지요.

쉬운 언어를 사용하면서 큰 울림을 주는 시가 훌륭하다고 생각합니다.

수사법을 썼으면서도 경계가 드러나지 않는 자연스러움은 큰 장점이기도 합니다.

이미지의 형상화를 통해 언어로 그림을 그린다고도 합니다.

사물을 대하는 시선이 궁극의 사랑으로 마무리 될 때, 시 한 편은 그야말로 구원이 되는 것입니다.
저는 이 시집에서 그 모두를 읽고 있습니다.

〈관절에 좋다기에/ 황혼녘 산책길을/ ~중략~ / 뒤돌아 바로 걷는다/ 나이 속도로/ 전봇대들이 휙휙/ 지나간다/ 세월의 빠름에 새삼 놀라/ 다시 뒤로 걷는다 –「 뒤로 걷기」 중〉 노년의 건강과 세월의 속도를 은근한 해학으로 병치하고 있습니다. 건강을 위하여 뒤로 걷기를 하다가 문득 인생의 후진을 염두에 둔 발언을 합니다. 다시 젊음으로 가고 싶다기보다는 슬몃 여유를 던져주는 것이지요.

「예행연습」에서도 아내 눈치 피하려 책 한 보따리 들고 아파트 소공원에서 한나절을 보내고 나서, '옷 벗을 날 멀지 않아/ 오늘 하루 예행연습 해 본다.'는…, 항간에 떠도는 삼식이 이야기를 통해 세태를 반영한 시라고 할 수 있습니다. 실제 예행연습까지 해 보는 진지한 장난 끼를 웃어넘길 수만은 없는 여운을 던지고 있습니다.

「비 내리는 영동교」를 지나는 시인은 고희와 산수(傘壽) 사이를 지나고 있습니다.
'봄비에 취해 길목을 너무 멀리 잡았나'라는 대목에서 저의 길도

문득 돌아보게 됩니다. 더 큰 욕심 없이 절제하며 살고자 하는 시인의 마음이 읽혀지면서 겸허한 자세를 배우게 되는군요.

「산다는 것은」 〈땅따먹기 놀음/ 한 생애 몸부림 쳐/ 세 평 남짓 땅덩이 얻는 순간/ 모천(母川)으로 회유하는/ 가시고기/ ~중략~〉
아무 것도 아니라지만 땅 세 평이 주는 의미는 큽니다. 전 인생을 다 걸고 열심히 산 자에게 주어지는 마지막 휴식처라는 따뜻한 역설로 들리기도 합니다.

「1톤짜리 사랑」을 열 살 손녀와 나누는 행복감에 젖어 '서영아, 서영아'를 뉴욕으로 전송합니다. '할아버지, 할아버지', 지구 저쪽 끝에서 엄청난 사랑이 시인의 혈맥을 흔들어 놓습니다.

시집의 표제작 「종이배의 행로」는 한 경지를 이룬 시인의 인생길이라 든든합니다.
종이배를 띄우는 아이들의 마음에는 호기심이 가득합니다. 장차 펼쳐질 자신의 운명이 무엇인지 모른 채 꿈을 담아 보냅니다. 그 종이배는 순항하기도 하고 풍랑을 맞기도 할 테지요. 시인은 종이배와 자신을 동일시합니다. 이 시에 압축된 시인의 일생이 교훈적입니다. 훈시와는 다른 뜻입니다.

종이배의 운명이었다 해도 실개천. 깊은 강. 넓은 바다에까지 닿을 수 있는 힘을 지닌 저력이 읽혀지는 것이지요. 그러면서 더 나아가, 〈어느 폭풍우 치는 날/ 큰물에 휩쓸려 바다에 흘러들어/ 새끼별, 종이배에 싣고/ 우주 품을 유영하리.〉 인생의 종착지를 경유하여 우주에까지 안기는 달관을 보여줍니다. 종이배의 행로는 늘 순탄하지만은 않았겠지만, 큰 사랑과 진솔함으로 그 모든 역경을 헤쳐 왔으리라 짐작이 되고도 남습니다. 동심과 항심의 가르침을 받았습니다.

늦가을 별이 시어처럼 빛나고 있습니다.
시집을 읽는 행복 속에서 책 출간을 다시 한번 축하드립니다.

–김금분 : 시인, 강원도 의회 의원.

아내에게 쓴 **마지막편지** • 김기덕 지음

초판 1쇄 • 2016년 12월 31일

지은이 • 김기덕
펴낸이 • 이형로
펴낸곳 • 도서출판 황금마루

출판등록 • 제2010-000158호
주소 • 우편번호 10510
경기도 고양시 덕양구 능곡로 30-11, 103동 2503호
(토당동, 현대1차 홈타운)
전화 • 031-979-9908
휴대폰 • 010-5286-6308
이메일 • iplee6308@hanmil.net

값 • 12,000원
ISBN • 978-89-965832-9-5